KB205804

성경 읽기가
어려운
당신에게

A GUIDE ·· 성경 읽기 가이드북
TO THE BIBLE

· 시작하는 글   4

제1장 성경 읽기의 베이직 : 문맥을 따라 읽기   8

1. 왜 가난한 과부의 헌금을 언급하셨을까?   9
2. 출교 절차와 합심 기도에 대한 오해   16
3. 불의한 청지기 비유   26
4. 삼사 대까지 받는 저주와 신 포도 속담의 진의   36

제2장 성경 읽기의 레벨업 I : 통일된 주제 안에서 읽기   42

1. 왜 아벨의 제사만 받으셨을까?   43
2. 노아는 왜 함의 아들 가나안을 저주했을까?   52
3. 왜 할례를 명령하셨을까?   58
4. 예수님께서는 땅에 뭐라고 쓰셨을까?   66

제3장 성경 읽기의 레벨업 II : 하나님의 관점에서 읽기   74

1. 왜 이삭을 바치라고 하셨을까?   75
2. 왜 병 고쳐주신 사실을 알리지 말라고 하셨을까?   82
3. 하나님께서는 왜 요셉이 꿈꾸게 하셨을까?   90
4. 벧엘의 늙은 선지자는 왜 하나님의 사람을 속였을까?   98

제4장 성경 읽기의 깊이 더하기 : 원문을 고려하여 읽기   108

1. 선악과를 먹는다는 의미는?   109
2. "만일 세 낸 것이면 세로 족하니라"는 무슨 의미인가요?   116
3. "적게 심는 자는 적게 거두고 많이 심는 자는 많이 거둔다"
는 무슨 의미인가요?   120
4. "천국은 침노를 당하나니"는 무슨 의미인가요?   128

· 마치는 글   136

시작하는 글

저는 어린 시절부터 교회에 다녔습니다. 청소년기에는 사춘기 방황으로 여러 교회를 출석했습니다. 그로 인해 여러 목사님의 설교를 들을 수 있었습니다. 청년이 되어서는 유명한 목사님들의 설교를 듣기 위해 찾아다니기도 했습니다. 그러다 보니 같은 본문에 대한 여러 해석을 들어보았습니다.

그 시절 즈음 저는 19세기 프랑스 시인 아르튀르 랭보를 좋아했었습니다. 랭보는 상징주의 시인입니다. 상징주의는 주관적인 감각에 따른 느낌을 상징화시키는 예술 사조입니다. 랭보를 말씀드린 이유는 제가 상징주의 해석에 관심이 있었기 때문입니다. 그래서 저는 성경을 다양한 심층과 각도에서 비유와 상징으로 해석하는 것에 익숙했습니다. 기존에 들었던 성경 본문의 해석 외에도 여러 해석을 더 할 수 있었습니다. 그러던 중 문득 다음과 같은 의문이 들었습니다. '성경을 다양하게 해석해도 괜찮은 건가? 한 본문에 대한 여러 해석이 모두 옳을 수 있을까?'

종교개혁 이후 성경이 여러 언어로 번역되었습니다. 그리고 만인제사장 신학 아래에서 성경해석이 폭발적으로 다양해졌습니다. 난립하는 해석을 모두 받아들일 수 없다고 생각한 사람들은 바른 성경해석을 위한 기준이 필요했습니다. 그래서 성경은 성경으로 해석한다는 기준을 세우기도 하고, 교리를 정립해 수용할 수 있는 해석의 울타리를 치기도 했습니다. 그러나 한편에는 주관적인 성경해석을 자유롭게 허용해야 한다는 사람들도 있었습니다. 그러한 입장에서는 문자주의 해석, 비유적 해석, 영적 해석 등 다양하게 성경을 해석했습니다.

하나님께서는 각 개인이 본문을 이해하는 차이를 고려하여 역사하실 수도 있으십니다. 그러나 각 개인의 해석적 역량을 고려한 적용은 하나님의 은혜이지만 옳은 해석과 그른 해석은 분명히 존재합니다. 그리고 개인적인 경험으로 어린 시절 알았던 본문을 성장한 후에 새롭게 깨달은 경우가 많습니다. 제가 어린 시절 미숙했기 때문에 바르게 해석하지 못한 것이지 본문은 원래 그 주제를 말하고 있었습니다. 한편 같은 성경 본문에 대한 정반대 해석이 있기도 합니다. 그런 경우 두 해석 모두 옳을 수는 없습니다. 성경 저자가 말하고자 하는 핵심 주제는 존재합니다. 그렇다면 어떻게 해야 본문이 지닌 핵심 주제를 바로 해석할 수 있을까요?

저는 무수한 성경해석 중에서 본문의 진의를 알고 싶은 마음에 신학교에 갔습니다. 그곳에서 성경 원어인 히브리어와 그리스어의 기초 지식을 쌓고 번역 성경을 어느 정도 이해하게 되었습니다. 그리고 성경 시대의 역사와 문화적 배경을 알기 위해 힘썼습니다. 또한 교회의 역사와 그 속에서 형성된 교리에 관한 기초를 배웠습니다. 그리고 오늘날 형성된 개신교회의 지형도와 각 교단과 교회의 성격을 대강 알게 되었습니다.

오랜 시간이 지나 이제야 조심스럽게 하얀 종이에 그림을 그리듯 새롭게 성경 본문을 해석하고 있습니다. 그렇게 본문을 바로 해석하기 위해 고민한 내용 중 중요한 점을 4가지로 정리해보았습니다.

1. 문맥에 따른 단락 나누기와 읽기
2. 성경 각 권이나 전체 주제 안에서 읽기
3. 본문을 하나님 관점으로 보기
4. 번역의 한계를 고려하기

저는 『타브의 바이블코어』라는 유튜브 채널을 운영하고 있습니다. 구독자께서 주신 질문의 답변을 영상으로 제작해서 업로드하고 있습니다. 그중 위 4가지 사항과 관련된 성경해석 내용을 일부 수정하여 본서에 담았습니다. 본서가 성경 본문의 진의를 알기 원하는 성도들에게 도움이 되길 바랍니다.

* 이렇게 활용해 보세요 *

– 묵상과 나눔을 위한 질문지를 개인성경공부와 소모임에서 활용할 수 있습니다.
– QR코드를 통해 읽은 내용을 영상으로 시청하실 수 있습니다.

제1장 성경 읽기의 베이직: 문맥을 따라 읽기 ──────────

제1장 성경 읽기의 베이직: 문맥을 따라 읽기

성경은 한 번에 읽기에는 분량이 상당히 많습니다. 그래서 일정한 분량으로 나누어 읽는 경우가 많습니다. 매일 묵상을 돕는 교재들은 대부분 분량을 일정하게 배정합니다. 또 설교자는 설교 분량을 고려할 수밖에 없습니다. 그래서 본문의 분량에 따라 임의로 단락을 나누기도 합니다. 그러다 보니 단락을 어떻게 나누느냐에 따라 본문의 주제가 달라지기도 합니다. 또 단락과 상관없이 성경을 요절로 암송하는 것도 우리에게 친숙합니다.[1]

그러나 본문을 바로 해석하기 위해서는 문맥에 따른 단락 나누기와 읽기는 기본입니다. 이 장에서는 문맥을 고려하지 않아 진의를 놓치는 경우가 많은 본문들을 살펴보겠습니다.

1. 왜 가난한 과부의 헌금을 언급하셨을까?

누가복음 20:45~21:6

헌금에 관해 이야기할 때 자주 언급되는 인물이 있습니다. 적은 액수지만 생활비 전부를 헌금한 가난한 과부입니다. 예수님께서는 그녀가 다른 사람들보다 더 많이 헌금했다고 하셨습니다. 그래서 우리는 헌금은 액수보다 정성이 더 중요하

---

[1] 성경 요절 암송이 문제 있다는 말은 아닙니다. 다만 많은 경우 요절도 문맥을 고려해야 의미를 정확하게 알 수 있습니다. 따라서 요절이 포함된 본문의 이해가 필요합니다.

다고 생각하기도 하고, 절대적인 액수보다 각자 개인의 형편에 따라 상대적으로 평가받는다고 해석합니다. 물론 예수님의 말씀에는 그러한 의미가 담겨 있습니다.

그러나 이 본문의 주제는 헌금을 드리는 마음가짐이나 형편에 따른 상대적인 헌금의 가치가 아닙니다. 전후 문맥에 따라 본문을 살펴볼 때 예수님께서 가난한 과부의 헌금을 언급하신 진의를 알 수 있습니다.

가난한 과부의 헌금 이야기는 마가복음과 누가복음에 기록되어 있습니다. 두 본문 모두 이야기의 흐름이 같습니다. 예수님께서는 외식하는 서기관에 대해 말씀하신 후 이어서 가난한 과부의 헌금에 대해 말씀하셨습니다. 그리고 이어서 성전이 파괴되리라고 예언하셨습니다.

그래서 많은 경우 '외식하는 서기관에 대한 경고'라는 주제로 단락을 나누고, '진정한 헌금'이라는 주제로 단락을 나눈 후, '성전 파괴 예언'을 한 단락으로 구분합니다.

그러나 위 세 이야기는 성전에서 제자들에게 말씀하신 한 문맥입니다. 예수님께서는 외형적으로 화려하고 높은 직위나

마가복음	
12:38~40	외식하는 서기관들을 주의하라
12:41~44	가난한 과부의 헌금
13:1~2	성전 파괴 예언

누가복음	
20:45~47	외식하는 서기관들을 주의하라
21:1~4	가난한 과부의 헌금
21:5~6	성전 파괴 예언

다른 이들에게 인정받기를 추구하는 서기관들을 조심하라고 하셨습니다. 서기관은 율법 학자이자 교사로서 종교 지도자입니다. 그들을 주의해야 하는 이유는 종교적으로 겉은 거룩해 보이지만 실제로는 과부의 재산을 빼앗는 자들이기 때문입니다.

45 모든 백성이 들을 때에 예수께서 그 제자들에게 이르시되
46 긴 옷을 입고 다니는 것을 원하며 시장에서 문안 받는 것과 회당의 높은 자리와 잔치의 윗자리를 좋아하는 서기관들을 삼가라
47 그들은 과부의 가산을 삼키며 외식으로 길게 기도하니 그들이 더 엄중한 심판을 받으리라 하시니라
(눅 20:45~47)

그리고 이어지는 이야기를 통해 예수님께서는 당시 종교 지도자들이 어떻게 가난한 이들의 재산을 착취하는지 현실을 밝히십니다. 그 내용이 바로 이어지는 2렙돈을 헌금한 과부입니다. 렙돈은 가장 작은 단위인 그리스 화폐입니다. 2렙돈은 성인 일당인 데나리온의 대략 1/64에 해당합니다. 당시 가난한 사람의 한 끼 식사비 정도로 알려진 액수입니다. 과부는 당장 끼니를 해결해야 할 생활비를 헌금함에 넣었습니다.

1 예수께서 눈을 들어 부자들이 헌금함에 헌금 넣는 것을 보시고
2 또 어떤 가난한 과부가 두 렙돈 넣는 것을 보시고
3 이르시되 내가 참으로 너희에게 말하노니 이 가난한 과부가 다른 모든

사람보다 많이 넣었도다

4 저들은 그 풍족한 중에서 헌금을 넣었거니와 이 과부는 그 가난한 중에서 자기가 가지고 있는 생활비 전부를 넣었느니라 하시니라

(눅 21:1~4)

그렇게 모은 헌금은 어떻게 사용될까요? 본문은 바로 이어서 설명해줍니다. 그 헌금은 성전을 꾸미는 데 사용되었습니다. 하나님의 성전을 꾸미는 일은 아름다운 신앙이 아닙니까? 그러나 예수님께서는 그 성전이 완전하게 파괴될 것이라고 부정적인 결과를 예언하셨습니다.

5 어떤 사람들이 성전을 가리켜 그 아름다운 돌과 헌물로 꾸민 것을 말하매 예수께서 이르시되

6 너희 보는 이것들이 날이 이르면 돌 하나도 돌 위에 남지 않고 다 무너뜨려지리라

(눅 21:5~6)

가난한 과부는 하나님께서 율법을 통해 보호하고자 하셨던 대상입니다: "셋째 해 곧 십일조를 드리는 해에 네 모든 소산의 십일조 내기를 마친 후에 그것을 레위인과 객과 고아와 과부에게 주어 네 성읍 안에서 먹고 배부르게 하라"(신 26:12). 그러나 당시 종교 지도자들은 그들의 생활비조차 헌금하도록 가르쳤습니다. 가난한 과부의 헌금 이야기가 예수님께서 끼니를 해결할 생활비까지 헌금했다고 칭찬하시는 것일까요?

예수님께서는 굶주리는 백성들을 불쌍히 여기셔서 먹이셨던 분이십니다. 가난한 과부의 헌금 이야기는 아낌없이 드리는 헌금의 본을 소개하신 게 아닙니다. 생활비조차 요구하는 당시 종교 지도자들의 파렴치함을 지적하신 것입니다.

개신교회는 16세기 종교개혁 시대에 면벌부 신학까지 정립하여 가난한 이들을 착취한 로마가톨릭교회 지도자들을 비판했습니다. 그런데 오늘날 한국 교회의 모습은 어떠합니까? 경제성장과 함께 부동산 가치가 폭등하자 교회도 그런 시류에 편승해 예배당 건축, 기도원 건축 등 다양한 부동산 매입에 열을 올렸습니다. 교회 지도자들은 그 재정을 충당하기 위해 다양한 형태의 헌금을 가르쳤습니다. 무리한 빚으로 건물을 올리고 그 이자를 갚기 위해 도움이 필요한 가난한 성도들의 헌신까지 강요합니다.

가난한 과부의 헌금 본문은 예수님께서 그러한 헌금을 원하신다는 의미가 아닙니다. 반대로 무리한 헌금을 강요하며 외식하는 종교 지도자들을 주의하라는 말씀입니다.

1. 누가복음을 20장과 21장으로 단락을 나누면 각 단락의 주제는 어떻게 되나요?

2. 다음 중 누가복음 20:45~21:6의 주제는?

① 과부의 가산을 삼키는 서기관은 심판받을 것이다.

② 가난한 과부가 아름다운 헌금을 드렸다.

③ 진정한 제사가 이루어진 후 성전은 역사 속으로 사라질 것이다.

④ 과부의 가산을 삼키는 외식하는 서기관을 주의하라.

3. 다음은 교회의 다양한 헌금 방법입니다. 적절하다고 생각하는 방법은?

① 십일조는 의무적이고 그 외에는 자원하는 마음에 따라 헌금한다.

② 모든 헌금은 자원하는 마음으로 해야 하며 자율성을 위해 이름을 표기하지 말고 헌금 바구니를 돌리지 않는다.

③ 여러 명목 헌금을 줄이고 매년 작정 액수를 정하고 그에 따라 헌금한다.

④ 매주 헌금하지 말고 선교나 구제 등 필요한 경우에만 헌금한다.

영상으로 시청하기

2. 출교 절차와 합심 기도의 오해

마태복음 18:15~20

마태복음 18:15~20은 죄 있는 사람을 교회에서 출교하는 절차로 알려진 내용입니다. 그리고 두 사람이 모여서 기도하면 하나님께서 무엇이든지 들어주신다는 내용도 있습니다. 대부분 이 두 내용이 각각 다른 주제라고 생각합니다. 앞부분은 출교 절차의 원리로 뒷부분은 합심 기도의 필요성으로 해석합니다. 그러나 이 두 내용은 같은 문맥으로 한 주제를 가지고 있습니다. 과연 예수님께서 무슨 의미로 하신 말씀인지 알아보겠습니다.

15 네 형제가 죄를 범하거든 가서 너와 그 사람과만 상대하여 권고하라 만일 들으면 네가 네 형제를 얻은 것이요
16 만일 듣지 않거든 한두 사람을 데리고 가서 두세 증인의 입으로 말마다 확증하게 하라
17 만일 그들의 말도 듣지 않거든 교회에 말하고 교회의 말도 듣지 않거든 이방인과 세리와 같이 여기라
(마 18:15~17)

먼저 앞부분인 15~17절을 살펴보겠습니다.
여기에서 형제는 단순히 친족을 가리키는 게 아닙니다. 예수님께서는 이전에 친족인 어머니와 동생들을 넘어 형제의 개념을 확장 시켜주셨습니다: "하늘에 계신 내 아버지의 뜻대

로 하는 자가 내 형제요"(마 12:50b). 따라서 우리는 하나님의 자녀로 함께 은혜를 입은 교회의 교우들을 형제라고 할 수 있습니다.

그런데 그 형제가 죄를 범했습니다. 그러면 혼자 조용히 가서 그의 죄에 대해 권고하라고 하십니다. 단둘이 이야기하는 이유는 남의 죄를 떠벌리는 게 의롭지 않기 때문입니다. 그러나 혼자 가서 권해도 그 형제가 죄에서 돌이키지 않으면 한두 사람을 더 데리고 가서 함께 다시 권하라고 하십니다. 그 이유는 죄를 확증하는데 2명 이상의 증인이 필요하기 때문입니다. 율법은 한 사람의 고발로는 죄의 혐의를 확증하지 못합니다: "사람의 모든 악에 관하여 또한 모든 죄에 관하여는 한 증인으로만 정할 것이 아니요 두 증인의 입으로나 또는 세 증인의 입으로 그 사건을 확정할 것이며"(신 19:15). 왜냐하면 증인이 한 명뿐이라면 그가 악한 의도로 거짓을 말할 수도 있기 때문입니다. 그래서 두세 명이 함께 모여 그의 죄를 직접 확인하라는 것입니다. 그때 범죄한 형제가 돌이키고 회개한다면 그 두세 사람들은 그가 바로 설 수 있도록 조용히 도와야 할 것입니다.

그러나 만약 두세 형제들의 말도 듣지 않고 죄에서 돌이키지 않는다면 교회에 말하여 교회가 그에게 옳고 그른 것을 알려주라고 하십니다. 그런데도 듣지 않는다면 "이방인과 세리 같이 여기라"고 말씀하십니다. 당시 유대인들은 이방인이나 세리를 구원받지 못한 자들이라고 생각했습니다. 그래서 많은 분이 이 본문을 죄를 회개하지 않으면 받아들이지 말라는 의미로 해석합니다. 또 이 말씀을 근거로 교회는 교인들 가운데 범죄한 사람을 징계하는 절차를 가집니다. 여기까지가 이 구절에 대한 보편적인 해석입니다.

다음으로 뒷부분인 19~20절입니다.

19 진실로 다시 너희에게 이르노니 너희 중의 두 사람이 땅에서 합심하여 무엇이든지 구하면 하늘에 계신 내 아버지께서 그들을 위하여 이루게 하시리라
20 두세 사람이 내 이름으로 모인 곳에는 나도 그들 중에 있느니라
(마 18:19~20)

예수님께서는 2명 이상의 사람이 모여 기도하면 하나님께서 그 기도를 들어주신다고 말씀하셨습니다. 그래서 우리는 함께 모여 기도합니다. 그리고 "무엇이든지 구하면"이라는 말씀에 의지하여 필요를 간구합니다. 또한 두세 사람이 예수 그리스도의 이름으로 모이면 그곳에 함께 하시겠다고 말씀하셨습니다. 이 말씀을 근거로 교회 모임이나 합심 기도의 필요성을 이야기합니다. 이것이 위 구절에 대한 보편적인 이해입니다.

그러나 우리가 살펴본 앞부분과 뒷부분은 떨어져 있지 않

습니다. 예수님께서 한자리에서 제자들에게 말씀하신 한 문맥입니다. 어떤 분들은 모든 성경을 법조문처럼 이해하려는 경향이 있습니다. 법조문은 규칙이나 항목을 나열하여 놓았을 뿐 문맥이 없습니다. 그런데 성경은 법조문의 형식으로 쓰이지 않았습니다. 등장인물이 있고 사건의 배경과 전후 관계를 인지해야 합니다. 성경을 조감 없이 읽으면 본문을 조각내어 교리적인 내용만 뽑아내는 문제가 발생할 수 있습니다.

본론으로 돌아가서 예수님께서 우리에게 말씀하고자 하신 진정한 의미는 무엇일까요? 우리가 살펴본 두 본문은 이전 내용과 이어지는 흐름 가운데 있습니다. 예수님께서는 100마리의 양 중 한 마리를 잃어버렸을 때 그 길 잃은 양 한 마리를 찾아 나서는 목자에 대해 말씀하셨습니다.

12 너희 생각에는 어떠하냐 만일 어떤 사람이 양 백 마리가 있는데 그 중의 하나가 길을 잃었으면 그 아흔아홉 마리를 산에 두고 가서 길 잃은 양을 찾지 않겠느냐
13 진실로 너희에게 이르노니 만일 찾으면 길을 잃지 아니한 아흔아홉 마리보다 이것을 더 기뻐하리라
14 이와 같이 이 작은 자 중의 하나라도 잃는 것은 하늘에 계신 너희 아버지의 뜻이 아니니라
(마 18:12~14)

14절의 "작은 자 중에 하나라도 잃는 것"은 무슨 말입니까? 예수님의 비유 속 탕자와 같이 아버지의 품을 떠나는 것

입니다. 세상에 속아 죄악 된 삶을 살아가는 형제입니다. 그런 것은 "하늘에 계신 너희 아버지의 뜻"이 아니라고 말씀하셨습니다. 하나님의 뜻이 아니라고 말씀하실 수도 있으셨지만, 굳이 "너희 아버지"라고 말씀하셨습니다. 이는 한 영혼을 향한 하나님의 마음이 아버지의 절박함과 같기 때문입니다. 또한 우리가 한 아버지 아래에 있는 형제이기 때문입니다.

예수님께서는 바로 이어서 15절 이하의 말씀을 하셨습니다. '너희는 하늘 아버지 안에서 한 형제다. 네 형제가 죄를 범하면 찾아가서 돌이키도록 권해라. 그래도 말을 듣지 않으면 한두 명 더 데리고 가서 권해라. 그래도 말을 듣지 않으면 교회가 권해라. 그래도 말을 듣지 않으면 외부인처럼 여겨라.' 그리고 이어지는 18절입니다.

진실로 너희에게 이르노니 무엇이든지 너희가 땅에서 매면 하늘에서도 매일 것이요 무엇이든지 땅에서 풀면 하늘에서도 풀리리라
(마 18:18)

여기에서 "매면"은 결박한다는 뜻입니다. 그리고 이어지는 "풀면"은 반대로 결박을 풀어주는 것입니다. 위 구절은 우리가 땅에서 무언가를 묶으면 하늘에서도 묶일 것이고 반대로 땅에서 무언가를 풀어주면 하늘에서도 풀어질 것이라는 말씀입니다. 그렇다면 우리가 땅에서 결박하거나 결박을 풀어주는 대상은 무엇일까요? 그것은 바로 전에 언급된 범죄한 형

제를 가리킵니다. 우리가 범죄한 형제를 정죄하여 구속하면 그는 하늘에서도 죄 있다고 구속되고 말 것입니다. 그러나 우리가 그를 용서하면 하늘에서도 용서받을 것입니다. 이어지는 예수님의 말씀을 확인해보겠습니다.

진실로 너희에게 이르노니 너희 중의 두 사람이 땅에서 합심하여 무엇이든지 구하면 하늘에 계신 내 아버지께서 그들을 위하여 이루게 하시리라 (마 18:19)

　여기에서 "두 사람"은 누구입니까? 바로 율법으로 죄를 확증하러 갔던 증인들을 말하는 것입니다. 예수님께서 그들에게 땅에서 마음을 합하여 무엇이든지 구하라고 하셨습니다. 무엇을 구하라고 하신 걸까요? 여기에서 "무엇이든지"가 '아무거나 네가 원하는 것'이라고 생각하십니까? 아닙니다. 주님께서 말씀하신 "무엇이든지"는 범죄한 그 형제의 돌이킴을 가리킵니다. 그가 돌이키도록 은혜를 구하면 하나님께서 그 기도를 이루어주신다는 말씀입니다. 예수님께서는 그렇게 기도하는 곳에 함께 하겠다고 약속하셨습니다. 이것이 예수님께서 말씀하신 진의입니다. 이 본문이 죄 용서에 관한 내용이기에 바로 이어서 베드로가 형제를 몇 번까지 용서하면 되는지 질문한 것입니다: "그 때에 베드로가 나아와 이르되 주여 형제가 내게 죄를 범하면 몇 번이나 용서하여 주리이까 일곱 번까지 하오리이까"(마 18:21).

이 본문은 범죄한 자의 정죄와 출교 원리를 가르치고 있지 않습니다. 전후 문맥을 살펴볼 때 범죄한 형제가 돌이키길 원하시는 하나님의 마음을 가르치고 있습니다. '너희가 땅에서 죄의 결박을 풀고 율법의 정죄를 풀고 돌이키고 용서하라. 그러면 하늘에서도 그 결박이 풀릴 것이다. 너희가 영혼을 사랑하는 마음으로 그들을 위해 기도하라. 그러면 하나님께서 이루게 하실 것이다. 그렇게 모인 자들과 나도 함께 하리라.' 이것이 주님께서 우리에게 주신 교회가 지녀야 할 마음입니다. 주님은 옳고 그름을 따지는 정죄가 아닌 생명을 살리기 위해 서로 용서하길 원하십니다.

1. 복음서 중 마태복음에만 예수님께서 교회에 대해 직접 언급하신 내용이 있습니다. 다음은 그 구절들입니다. 두 말씀 중 같은 내용을 찾아보세요.

> 18 또 내가 네게 이르노니 너는 베드로라 내가 이 반석 위에 내 교회를 세우리니 음부의 권세가 이기지 못하리라
> 19 내가 천국 열쇠를 네게 주리니 네가 땅에서 무엇이든지 매면 하늘에서도 매일 것이요 네가 땅에서 무엇이든지 풀면 하늘에서도 풀리리라 하시고
> (마 16:18~19)

> 17 만일 그들의 말도 듣지 않거든 교회에 말하고 교회의 말도 듣지 않거든 이방인과 세리와 같이 여기라
> 18 진실로 너희에게 이르노니 무엇이든지 너희가 땅에서 매면 하늘에서도 매일 것이요 무엇이든지 땅에서 풀면 하늘에서도 풀리리라
> (마 18:17~18)

2. 예수님께서 말씀하신 교회의 모습은?

① 죄인에게 회개할 기회를 주고 받아들이지 않을 시 절차에 따라 출교시킨다.

② 무엇이든지 소원하는 것을 위해 모여서 기도한다.

③ 죄인을 정죄하여 하늘에서도 결박당하게 한다.

④ 죄인을 용서하여 하늘에서의 결박도 풀어준다.

3. 예수님의 말씀에 따르면 교회에서 함께 기도해야 할 내용은?

① 범죄한 형제가 돌이키기를 기도한다.

② 각자 원하는 것을 위해 기도한다.

③ 세계 평화와 선교를 위해 기도한다.

④ 하나님의 영광을 위해 기도한다.

4. 교회에서 출교시켜야 할 사안이 있을까요? 있다면 어떤 경우일까요?

영상으로 시청하기

3. 불의한 청지기 비유

누가복음 16:1~13

누가복음 16장에는 불의한 청지기 비유가 있습니다. 그 비유에서 한 청지기가 주인의 재산을 자기 마음대로 처분했는데 주인이 잘했다고 칭찬했습니다. 이상한 상황이어서 난제로 알려진 비유입니다. 먼저 본문을 간단히 소개하겠습니다.

한 부자가 청지기를 고용하여 자기 재산을 관리하도록 했습니다. 청지기는 주인의 소유를 맡아 관리하는 사람입니다. 그런데 그 청지기가 재산을 낭비한다는 말이 들려왔습니다. 그래서 주인은 그를 해고하겠다고 전했습니다. 그 청지기는 난감해졌습니다. "내가 이 일을 그만두면 먹고 살길이 없는데 큰일이구나!" 청지기는 고민하다가 한 가지 아이디어를 냈습니다.

그는 주인에게 빚진 사람들을 불러 모았습니다. 그리고는 장부를 조작해서 그들의 빚을 줄여주었습니다. 빚쟁이들은 청지기에게 고마워하며 집으로 돌아갔습니다. 청지기가 이렇게 한 이유는 자신이 해고당해 일거리가 없어졌을 때, 그들이 자기에게 은혜를 갚으리라고 생각했기 때문입니다.

그러나 문제가 생겼습니다. 청지기가 자기 마음대로 빚을 줄여준 사실을 주인이 알아버렸습니다. 주인의 입장으로 보면 청지기가 주인의 재산을 마음대로 없애버린 것입니다. 그렇기에 청지기에게 노발대발해야 마땅합니다. 그런데 주인이 지혜롭게 일 처리를 잘했다고 청지기를 칭찬했습니다. 이 점이 첫 번째 이해하기 어려운 점입니다.

주인이 이 옳지 않은 청지기가 일을 지혜 있게 하였으므로 칭찬하였으니
(눅 16:8a)

두 번째 이해하기 어려운 점은 8절 후반부입니다. "이 세대의 아들들"이 누구며 또 "빛의 아들들"은 누구인지 모르겠습니다.

이 세대의 아들들이 자기 시대에 있어서는 빛의 아들들보다 더 지혜로움이니라
(눅 16:8b)

일단 비유는 8절에서 일단락을 맺습니다. 그리고 예수님께서 이 비유를 설명해주십니다. 그런데 그 내용도 이해하기 어렵습니다. 세 번째 의문점은 9절과 11절의 '불의한 재물'이 무슨 의미인가입니다.

9 내가 너희에게 말하노니 불의의 재물로 친구를 사귀라 그리하면 그 재물이 없어질 때에 그들이 너희를 영주할 처소로 영접하리라
10 지극히 작은 것에 충성된 자는 큰 것에도 충성되고 지극히 작은 것에

불의한 자는 큰 것에도 불의하니라
11 너희가 만일 불의한 재물에도 충성하지 아니하면 누가 참된 것으로
너희에게 맡기겠느냐
(눅 16:9~11)

그리고 네 번째로 이 본문의 마지막 13절도 쉽게 이해되지
않습니다. 주인의 재산을 멋대로 없애버린 청지기 비유의 결
론이 하나님과 재물을 함께 섬길 수 없다는 것이라니? 이 또
한 이해하기가 쉽지 않습니다.

집 하인이 두 주인을 섬길 수 없나니 혹 이를 미워하고 저를 사랑하거나
혹 이를 중히 여기고 저를 경히 여길 것임이라 너희는 하나님과 재물을
겸하여 섬길 수 없느니라
(눅 16:13)

이 본문에 대해 널리 알려진 해석은 다음과 같습니다.
'대개 비유에는 핵심적인 메시지가 하나 담겨 있다. 이 비
유의 초점은 청지기의 불의한 행동이 아니다. 자신의 종말에
대한 청지기의 올바른 반응이다. 이 청지기는 자기 처지가 곤
란해질 마지막이 올 것이라는 경고를 들었을 때 즉각적으로
반응했다. 그리고 마지막을 대비했다. 그것이 비록 자기 재산
을 부당하게 없애는 것이었지만 주인은 다가올 미래를 대비
한 점을 높이 사서 청지기를 칭찬한 것이다.'
그러나 이 해석을 예수님의 의도라고 보기 어렵습니다. 임

박한 심판을 대비하는 게 이 비유의 참 의미라면, 9절 이후인 재물에 관한 이야기와는 별로 상관이 없기 때문입니다. 예수님께서는 1~8절까지 비유를 말씀하셨고 이어지는 9~13절에서 비유를 설명하셨습니다. 9~13절은 미래를 대비하라는 내용이 아닙니다. 재물에 관한 내용입니다. 그러므로 불의한 청지기 비유가 지닌 메시지는 '임박한 종말을 대비하라'가 아닙니다. 그렇다면 이 비유의 진정한 의미는 무엇일까요?

비유(1~8절)	설명(9~13절)
불의한 청지기 이야기	하나님과 재물을 겸하여 섬길 수 없다

이 비유에서 주인은 하나님을 가리킵니다. 그리고 청지기는 하나님의 백성들입니다. 일차적으로는 그 자리에 있던 바리새인들이고 이차적으로는 그리스도인들입니다. 우리가 가진 모든 것은 하나님으로부터 온 것이지 않습니까? 우리는 이 땅을 사는 동안 하나님의 것을 맡아 관리하는 청지기들입니다. 그러나 많은 그리스도인이 하나님의 것을 자기 마음대로 낭비하거나 쓸데없이 모아두고 있습니다.

여기에서 우리는 첫 번째 의문점에 답을 얻을 수 있습니다. 비유 속의 청지기는 주인의 돈을 사용해 사람의 마음을 얻었습니다. 그러자 주인으로부터 지혜롭다는 칭찬을 들었습니다. 우리도 하나님의 재물을 사용하여 사람을 얻는 데 사용해야 합니다. "내가 너희에게 말하노니 불의의 재물로 친구를 사귀라"(9절)는 그런 의미입니다.

두 번째 의문점인 8절의 "이 세대의 아들들"과 "빛의 아들들"은 누구를 가리키는지 말씀드리겠습니다. "이 세대의 아들들"은 청지기로서 재물을 잘 사용한 하나님의 백성들을 가리킵니다. 그에 반에 "빛의 아들들"은 천사들을 가리킵니다. 따라서 "이 세대의 아들들이 자기 시대에 있어서는 빛의 아들들보다 더 지혜로움이니라"(8절)는 이 시대를 사는 동안 재물을 잘 사용한 사람들은 천사들보다 더 지혜로울 정도로 잘했다는 의미입니다.

세 번째 의문점인 9절의 "불의의 재물"과 11절의 "불의한 재물"에 대해 설명하겠습니다.

내가 너희에게 말하노니 불의의 재물로 친구를 사귀라 그리하면 그 재물이 없어질 때에 그들이 너희를 영주할 처소로 영접하리라
(눅 16:9)

불의한 재물에서 "불의한"이란 수식어가 붙은 이유는 부정하게 모은 재물이라는 뜻이 아닙니다. 13절을 보면 하나님과 재물이 대비되고 있습니다. 재물은 인간에게 우상이 되어 하

나님처럼 섬겨지고 있습니다. 그래서 인간의 욕심으로 하나님과 대비되는 관점에서 재물에 "불의한"이라는 형용사를 붙인 것입니다.

"재물로 친구를 사귀라"는 말씀은 우리가 하나님의 재물을 사용하여 이웃을 도우라는 말씀입니다. "그들이 너희를 영주할 처소로 영접하리라"는 그렇게 재물을 사용하면 복된 영생을 누릴 것이라는 의미입니다.

마지막 네 번째 의문점인 청지기 비유의 결론을 설명하겠습니다.

10 지극히 작은 것에 충성된 자는 큰 것에도 충성되고 지극히 작은 것에 불의한 자는 큰 것에도 불의하니라
11 너희가 만일 불의한 재물에도 충성하지 아니하면 누가 참된 것으로 너희에게 맡기겠느냐
12 너희가 만일 남의 것에 충성하지 아니하면 누가 너희의 것을 너희에게 주겠느냐
(눅 16:10~12)

10절의 "지극히 작은 것"은 재물 즉 돈을 의미합니다. 예수님께서는 청지기 된 우리가 돈을 바람직하고 충성스럽게 사용한다면 보다 더 큰 일에도 충성할 수 있다고 하십니다. 반대로 돈에 약하여 충성하지 않는 사람은 다른 큰일에도 하나님께 충성하지 못한다는 의미입니다. 11절은 하나님께서 자

신이 맡긴 재물조차도 제대로 사용하지 못한다면 정말 중요한 하나님 나라의 직분을 맡기지 않겠다는 의미입니다. 12절은 우리가 하나님의 것을 가지고도 바르게 사용하지 않으면 우리에게 주실 몫이 없다고 하시는 말씀입니다.

집 하인이 두 주인을 섬길 수 없나니 혹 이를 미워하고 저를 사랑하거나 혹 이를 중히 여기고 저를 경히 여길 것임이라 너희는 하나님과 재물을 겸하여 섬길 수 없느니라
(눅 16:13)

이처럼 예수님께서는 우리가 하나님께 받은 재물을 바르게 사용하라고 하십니다. 사람들은 재물을 사랑하는데 그 사랑이 어찌나 큰지 주인처럼 섬기고 있다고 지적하십니다.

이해를 돕기 위해 말씀드린 내용을 정리해보겠습니다. 주인은 하나님, 청지기는 우리입니다. 청지기가 자기를 위해 주인의 재산을 사용할 때 주인은 청지기를 해고하려 했습니다. 하지만 청지기가 주인의 재산을 사용하여 다른 이의 빚을 덜어주며 친구를 사귀자 주인은 청지기가 지혜롭다고 칭찬했습니다. 우리가 가지고 있는 모든 것은 하나님으로부터 온 것입니다. 우리가 이 땅을 떠나갈 때 조금도 가져갈 수 없는 것이 그 증거입니다. 이 하나님의 것을 가지고 엉뚱한 곳에 사용하거나 엉뚱한 곳에 쌓아두지 않아야 합니다. 교회에 헌금 많이

내라는 말이 아닙니다. 우리가 각자 살아가는 인생에서 도와야 할 사람을 돕고, 위로가 필요한 사람에게 밥을 사고, 사람을 사귀고 살리는 데 돈을 사용하라는 말입니다. 그렇게 사용할 때 하나님께서 지혜롭다 칭찬하시고 더 큰 일을 우리에게 맡기실 것입니다. 돈은 목표가 아니라 도구입니다.

1. 누가복음 16:1~13에서 예수님께서 명령형으로 하신 말씀이 하나 있습니다. 찾아보세요.

2. 누가복음 16:1~13의 핵심 구절은?

① 재물로 친구를 사귀라.

② 작은 것에 충성한 자는 큰 것에도 충성한다.

③ 재물에도 충성하지 않으면 누가 참된 것을 맡기겠느냐?

④ 하나님과 재물을 겸하여 섬길 수 없다.

3. 우리는 하나님의 청지기로서 재물을 어떻게 사용하면 좋을까요?

영상으로 시청하기

4. 삼사 대까지 받는 저주와 신 포도 속담의 진의

출애굽기 20:5~6

구약성경에는 계명을 순종하는 자에게는 천 대까지 은혜를 베풀겠지만 불순종하면 삼사 대까지 징계하시겠다는 내용이 있습니다. 아버지 죄의 대가를 자녀와 손주까지 감당해야 한다는 말씀입니다.

5 나를 미워하는 자의 죄를 갚되 아버지로부터 아들에게로 삼사 대까지 이르게 하거니와
6 나를 사랑하고 내 계명을 지키는 자에게는 천 대까지 은혜를 베푸느니라 (출 20:5b~6)

이 말씀을 보고 '가계에 흐르는 저주'를 이야기하는 경우가 있습니다. 현재 인생의 문제가 과거 조부모나 부모의 죄 때문이라는 견해입니다. 그래서 과거의 죄 문제를 해결하기 위해 초점을 맞춥니다. 옛날 이스라엘 사람들도 비슷하게 생각했던 것 같습니다. 이스라엘에는 '아버지가 신 포도를 먹었다면 아들의 이가 시다'는 속담이 있었습니다. 이는 아버지 죄의 책임이 아들에게까지 이어진다는 의미입니다. 그러나 아버지가 신 포도를 먹었다면 아버지가 신맛을 느낄 것이고 아들이 신 포도를 먹었다면 아들이 신맛을 느끼는 게 당연합니다. 그래서 하나님께서 아버지가 신 포도를 먹었는데 어찌 아

들이 시다고 할 수 있느냐고 말씀하셨습니다.

29 그 때에 그들이 말하기를 다시는 아버지가 신 포도를 먹었으므로 아들들의 이가 시다 하지 아니하겠고
30 신 포도를 먹는 자마다 그의 이가 신 것 같이 누구나 자기의 죄악으로 말미암아 죽으리라
(렘 31:29~30)

　하나님께서는 아버지의 죄를 아들이 연대 책임지지 않는다고 말씀하셨습니다. 아버지가 죄를 지었으면 그 책임은 아버지가 감당해야 하고 아들이 죄를 지었으면 그 책임은 아들이 감당해야 합니다. 그렇다면 처음에 살펴본 출애굽기 본문과 모순이 있어 보입니다. 과연 어느 말씀을 따라야 하는 것일까요? 율법도 문맥을 고려해야 뜻을 정확하게 알 수 있습니다. 위에서 살펴본 출애굽기와 예레미야 본문 모두 전후 문맥을 통해 해당 구절을 이해해야 합니다.

　먼저 삼사 대의 저주에 대해 말씀하신 출애굽기 20:3~6을 살펴보겠습니다. 여호와께서 이스라엘 민족을 자기 백성으로 삼고 이스라엘 민족은 여호와만을 하나님으로 섬기는 언약을 체결하는 상황입니다. 그때 여호와께서는 다른 우상을 만들어 섬기지 말라고 하셨습니다. 그러면서 자기만을 섬기면 천 대까지 은혜를 베푸시겠다고 하셨습니다. 그러나 우상을 섬

긴다면 대가를 치를 것인데 그 기간이 자손 삼사 대까지 될 것이라고 하셨습니다.

3 너는 나 외에는 다른 신들을 네게 두지 말라
4 너를 위하여 새긴 우상을 만들지 말고 또 위로 하늘에 있는 것이나 아래로 땅에 있는 것이나 땅 아래 물 속에 있는 것의 어떤 형상도 만들지 말며
5 그것들에게 절하지 말며 그것들을 섬기지 말라 나 네 하나님 여호와는 질투하는 하나님인즉 나를 미워하는 자의 죄를 갚되 아버지로부터 아들에게로 삼사 대까지 이르게 하거니와
6 나를 사랑하고 내 계명을 지키는 자에게는 천 대까지 은혜를 베푸느니라
(출 20:3~6)

　따라서 이 내용은 우상숭배에 대한 경고입니다. 이를 모든 사항에 적용하여 보상은 천 대까지 받고 벌은 삼사 대까지 받는다고 생각해서는 곤란합니다. 그런데 이 구절은 단순히 경고에 머무르지 않습니다.

　6절의 천 대는 숫자적인 천 세대가 아니라 아주 많은 시간을 가리킵니다. 이스라엘 민족이 하나님을 섬긴다면 계속해서 언약의 혜택을 누릴 것이라는 의미입니다. 그러나 이러한 약속에도 불구하고 이스라엘 백성들은 우상을 숭배하여 징계로 결국 멸망합니다. 성전이 파괴되고 백성들은 바벨론에 포로로 잡혀갑니다. 그러나 완전히 멸망하지는 않았습니다. 이스라엘 백성들은 70년 동안 포로로 있다가 하나님의 은혜로 회복됩니다. 모세와 함께했던 당시 사람들은 몰랐지만, 이

일은 이스라엘의 역사로 이루어졌습니다. 따라서 출애굽기 20:5~6은 이스라엘 백성 중 누군가가 우상 숭배하면 그의 삼사 대 후손까지 벌을 받는다는 개인적인 조항이 아닙니다. 바벨론 포로기에 대한 예언입니다. 하나님께서는 70년의 바벨론 포로기를 삼사 대라는 기간으로 말씀하신 것입니다.

다음으로 예레미야 31:29~30도 무슨 이야기 중 나왔는지 살펴보겠습니다. 하나님께서 이스라엘의 신포도 속담이 옳지 않다고 지적하셨습니다.

29 그 때에 그들이 말하기를 다시는 아버지가 신 포도를 먹었으므로 아들들의 이가 시다 하지 아니하겠고
30 신 포도를 먹는 자마다 그의 이가 신 것 같이 누구나 자기의 죄악으로 말미암아 죽으리라
(렘 31:29~30)

그런데 이 구절을 가만히 살펴보면 "그 때에 그들이 말하기를"이라고 하며 시작합니다. 여기에서 "그 때"는 언제를 가리키고 "그들"은 누구일까요? 이는 그 앞 문맥인 예레미야 31:23을 보면 알 수 있습니다.

만군의 여호와 이스라엘의 하나님께서 이와 같이 말씀하시니라 내가 그 사로잡힌 자를 돌아오게 할 때에
(렘 31:23a)

이 내용은 바벨론 포로 기간 70년을 마치고 돌아온 백성들에 관한 말씀입니다. 예레미야 31:29의 "그 때"는 바벨론 귀환 이후를 가리키고 "그들"은 포로에서 돌아온 이스라엘 백성들을 가리킵니다. 그리고 그 뒤 문맥인 예레미야 31:31~33은 하나님께서 포로에서 돌아온 백성들과 새 언약을 맺겠다는 말씀입니다.

31 여호와의 말씀이니라 보라 날이 이르리니 내가 이스라엘 집과 유다 집에 새 언약을 맺으리라 …
33 그러나 그 날 후에 내가 이스라엘 집과 맺을 언약은 이러하니 곧 내가 나의 법을 그들의 속에 두며 그들의 마음에 기록하여 나는 그들의 하나님이 되고 그들은 내 백성이 될 것이라 여호와의 말씀이니라
(렘 31:31~33)

과거 이스라엘 백성들은 천 대의 은혜와 삼사 대의 징계라는 말씀을 오해하여 신 포도 속담을 사용했습니다. 그러나 하나님께서는 그들이 바벨론에서 돌아온 후, 즉 새 언약의 백성이 되어 진리를 깨닫는다면 그 속담을 더 이상 사용하지 않으리라고 말씀하신 것입니다. 따라서 본문을 통해 '가계에 흐르는 저주' 이야기를 하는 것은 성경의 전체적인 주제와 문맥을 고려하지 않은 해석입니다.

1. '가계에 흐르는 저주'에 대해 어떻게 생각하시나요?

2. 출애굽기 20장의 언약 체결이라는 문맥에서 '천 대의 은혜와 삼사 대의 징계'의 의미로 가장 적절한 것은?

① 나의 계명을 지키면 자손 대대 은혜를 베풀겠지만 어기면 후손들까지 벌 받을 것이다.

② 나의 계명을 지키면 평화로운 나라가 이어지겠지만 어기면 후손들은 살기 힘든 나라로 변할 것이다.

③ 나만을 섬기면 큰 은혜를 받을 것이고 우상 숭배하면 작은 징계를 받을 것이다.

④ 나만을 섬기면 언약 관계가 계속 유지될 것이고 배반하면 일정 기간 징계받을 것이다.

3. 신 포도 속담을 사용했던 백성과 그렇지 않은 새 언약 백성의 차이와 같은 맥락인 것은?

① 육신의 할례 – 마음의 할례 (롬 2:28~29)

② 요한의 세례 – 예수의 이름으로 세례 (행 19:3~6)

③ 여종의 자녀 – 자유 있는 여자의 자녀 (갈 4:31)

④ 손으로 한 할례 – 그리스도의 할례 (골 2:11)

영상으로 시청하기

제2장 성경 읽기의 레벨업 I : 통일된 주제 안에서 읽기 ―

제2장 성경 읽기의 레벨업 I : 통일된 주제 안에서 읽기

성경의 사건 기록은 그 자체가 독립적인 주제를 지니기도 합니다. 그런 경우 그 본문만 해석하면 됩니다. 한편 어떤 사건은 다른 내용과 연관성이 있습니다. 그런 경우는 한 걸음 물러서서 그 본문이 포함된 책이나 관련 있는 책의 주제를 고려해야 합니다. 예를 들어 창세기의 어떤 사건이 그 자체로 일단락된 게 아니라 창세기 전체에서 어떤 역할을 하고 있을 수 있습니다. 더 나아가 모세오경이라는 큰 틀에서 가치를 지니기도 합니다. 어떤 내용은 신구약 성경 전체를 통해 의미를 파악할 수 있기도 합니다. 이와 같은 본문을 해석하기 위해서는 성경의 통일성 있는 주제를 알아야 합니다. 교회는 오랜 시간에 걸쳐 성경의 주제를 신학으로 정리해왔습니다. 이번 장에서는 신학적인 관점으로 보아야 바른 해석이 가능한 본문을 알아보겠습니다.

1. 왜 아벨의 제사만 받으셨을까?

창세기 4:1~15

가인과 아벨의 제사는 매우 유명합니다. 이 사건이 유명한 이유는 쉽게 풀리지 않는 의문점이 있기 때문입니다. 이 본문을 읽으면 크게 두 가지 의문이 생깁니다. 첫 번째는 하나님께서 왜 가인의 제사를 받지 않으시고 아벨의 제사만 받으셨는가입니다. 이 질문에는 여러 답변이 있습니다. 그래서 널리 알려진 해석을 살펴보고 하나님의 뜻을 알아보겠습니다. 두 번째는 가인이 살인을 저질렀는데 왜 하나님께서 벌하지 않으시고 오히려 보호하셨느냐입니다. 이에 대해서도 생각해보겠습니다.

먼저 본문을 간략하게 소개하겠습니다. 아담과 하와는 에덴동산에서 쫓겨난 후 가인과 아벨을 낳았습니다. 형인 가인은 농사를 지었고 동생인 아벨은 양을 길렀습니다. 시간이 흐른 후 그들은 하나님께 제사를 지냈습니다. 가인은 땅의 소산을 제물로 드렸고 아벨은 첫 번째로 태어난 양의 새끼를 드렸습니다. 그런데 하나님께서 아벨의 제물만 받고 가인의 제물을 받지 않으셨습니다.

3 세월이 지난 후에 가인은 땅의 소산으로 제물을 삼아 여호와께 드렸고
4 아벨은 자기도 양의 첫 새끼와 그 기름으로 드렸더니 여호와께서 아벨과 그의 제물은 받으셨으나
5 가인과 그의 제물은 받지 아니하신지라 가인이 몹시 분하여 안색이 변하니
(창 4:3~5)

가인은 자기 제물이 받아들여지지 않자 억울해서 화를 참을 수 없었습니다. 그는 질투심에 아벨을 불러서 아무도 없는

들에서 죽여버립니다. 하나님께서는 아벨의 피로 땅이 저주받아 가인에게 작물을 주지 않을 것이라고 지금 살던 곳에서 떠나라고 하십니다. 가인은 자신이 이 땅을 떠나 하나님을 뵐 수 없게 된다면 다른 사람들이 자신을 죽일지도 모른다고 두려워합니다. 그러자 하나님께서는 가인을 죽이면 큰 벌을 받을 것이라고 엄히 경고하시고 그 사실을 알 수 있는 표식을 가인에게 주셨습니다. 가인이 그 표를 받고 하나님 앞을 떠나가며 본문이 일단락됩니다.

여호와께서 그에게 이르시되 그렇지 아니하다 가인을 죽이는 자는 벌을 칠 배나 받으리라 하시고 가인에게 표를 주사 그를 만나는 모든 사람에게서 죽임을 면하게 하시니라
(창 4:15)

이제 첫 번째 의문점을 생각해보겠습니다. 하나님께서는 왜 아벨의 제사만 받으셨을까요? 이에 대해 오랫동안 많은 이들에게 지지받아온 설명은 제물의 차이 때문이라는 견해입니다. 아벨은 양을 죽여 피 흘린 제물을 드렸는데 이 피의 제사가 신약시대 그리스도의 희생을 예표 하는 제사라는 것입니다.

'히브리서 저자가 이 제사 사건을 설명했다. 그는 아벨이 믿음으로 제사했고 더 나은 제사를 했다며 제물에 주목했다: "믿음으로 아벨은 가인보다 더 나은 제사를 하나님께 드림으

로 의로운 자라 하시는 증거를 얻었으니 하나님이 그 예물에 대하여 증언하심이라"(히 11:4a). 따라서 하나님께서 아벨의 제사만 받으신 이유는 제물 때문이다. 또한 예수님께서 아벨을 선지자라고 하셨다: "창세 이후로 흘린 모든 선지자의 피를 이 세대가 담당하되 곧 아벨의 피로부터 제단과 성전 사이에서 죽임을 당한 사가랴의 피까지 하리라"(눅 11:50~51a). 아벨이 선지자라면 하나님의 어떤 메시지를 전했다는 것이고 그 내용이 바로 그리스도를 예표 하는 희생 제사라고 생각할 수 있다. 따라서 아벨이 양의 희생제물을 드린 것은 예수님의 희생을 가리키기에 하나님께서 받으셨다. 반면 가인은 그런 의미가 전혀 없는 제물을 드렸기에 하나님께서 받지 않으신 것이다.'

한편 제물이 문제가 아니라 제물을 드리는 사람의 행실이 달랐다는 견해도 많은 이들의 지지를 받습니다.

'창세기는 가인이 농사를 짓는 사람이고 아벨은 양을 치는 사람이라고 소개했다. 따라서 가인과 아벨은 소신껏 하나님께 예물을 드린 것이다. 그리고 레위기의 율법을 보면 하나님께서 곡물에 의한 제사를 제정하셨다. 그렇기에 하나님께서 제물의 종류에 차별을 두신 게 아니다. 본문 7절을 보면 "네가 선을 행하면"이라고 하나님께서 가인에게 선한 행동에 대해 언급하셨다. 또한 본문은 하나님께서 제물과 드린 사람을

함께 언급했다: "아벨과 그의 제물은 받으셨으나 가인과 그의 제물은 받지 아니하신지라"(4:4b~5a). 그러므로 제물의 문제가 아니라 가인의 평소 삶에 문제가 있었고 아벨은 그렇지 않았다. 하나님께서는 그들의 행실을 따라 아벨을 인정하셨기에 그의 제물을 받으셨고 가인의 제물을 받지 않으신 것이다.'

한편에서는 제물을 바치는 정성이 달랐다는 견해도 있습니다.

'본문은 가인의 제물을 땅의 소산이라고 부정적으로 서술했고 반면 아벨의 제물은 양의 첫 새끼와 그 기름이라고 정성스럽게 구별한 것으로 묘사했다.[2] 따라서 제물의 종류나 삶의 문제가 아니라 제물을 바치는 자의 마음가짐과 태도가 달랐다.'

이에 대해 저는 제물의 차이라는 첫 번째 해석을 지지합니다. 다만 약간의 추가설명이 필요하다고 생각합니다. 창세기에는 여러 주제가 있습니다. 그중 두 가지가 가인과 아벨의 제사를 통해 드러납니다.

첫 번째 주제는 '기원들'입니다. 창세기는 창조, 타락, 민족, 언어 등 다양한 기원을 설명합니다. 이에 따라 보면 가인과 아벨의 제사는 창세기가 소개하는 첫 번째 제사입니다. 과

---

2) 고든 웬함, 『WBC 성경주석 창세기(상)』, 박영호 역, (솔로몬, 2001), 238.

연 제사란 무엇일까요? 우리는 가인과 아벨 사건을 통해 하나님께서 받으시는 제사가 무엇인지 알 수 있습니다. 가인은 땅의 소산을 제물로 드렸습니다. 이는 높은 자에게 바치는 공물이나 예물과 같은 의미입니다. 그러나 하나님께서는 아벨의 제물만 받으심으로 제사는 피 흘림 즉 생명의 희생이라는 가치가 필요함을 가르쳐주셨습니다. 아벨의 제사가 받아들여졌기에 이후 노아와 아브라함도 희생 제사를 한 것입니다.

두 번째 주제는 뱀의 머리를 상하게 할 '여자의 후손'이 누구인가입니다. 하나님께서는 아담과 하와가 선악을 알게 하는 나무의 과실을 먹자 그에 대한 대가를 치르게 하셨습니다. 그때 그들을 속인 뱀에게는 여자의 후손에 의해 패배할 것을 예언하셨습니다. 창세기 저자는 누가 하나님께서 말씀하신 여자의 후손으로서의 계승자인지 설명하고 그 계보를 기록하였습니다: "아담이 다시 자기 아내와 동침하매 그가 아들을 낳아 그의 이름을 셋이라 하였으니 이는 하나님이 내게 가인이 죽인 아벨 대신에 다른 씨를 주셨다 함이며"(창 4:25).

따라서 하나님께서 하와의 두 아들 중 아벨의 제사를 받으신 사건은 아벨에게 여자의 후손이라는 계승자로서 정통성을 부여한 것입니다. 아담과 하와를 통해 번성하던 인류는 그 계승권을 사모했을 것입니다. 가인은 단지 아벨에 대한 질투나 상실감으로 분노한 게 아닙니다. 제사를 통해 하나님께서 말씀하신 계승권이 아벨에게 돌아갔다고 받아들였기에 참을 수 없었던 것입니다.

그렇기에 7절의 "선을 행하면"은 문맥의 흐름에서 '바른 제사'나 '바른 제물'로 보아야 마땅합니다. 이를 현대인의 어휘나 개념으로 '삶의 바른 행위'나 '바른 마음가짐'으로 받아들이는 것은 적절하지 않습니다. 그리고 직업의 귀천 없음을 주장하여 농업과 목축업이 동등하다거나, 반대로 이스라엘이 목축업을 했기에 양의 제물이 우월함을 보여준다는 관점은 본문의 초점에서 벗어난 것입니다.

이어서 두 번째 의문점을 생각해보겠습니다. 하나님께서는 왜 살인한 가인을 벌하지 않으시고 보호하는 표를 주셨을까? 모세의 율법에 따르면 고의로 살인한 자는 사형에 처해야 합니다: "고의로 살인죄를 범한 살인자는 생명의 속전을 받지 말고 반드시 죽일 것이며"(민 35:31). 따라서 다른 이의 생명을 해한 자는 그에 따라 생명을 취하는 것이 공의임을 알 수 있습니다. 가인이 아벨을 죽인 사건은 변명의 여지 없는 고의적인 살인입니다. 그러므로 하나님께서 가인을 사형으로 처벌하셔야 마땅합니다. 적어도 하나님께서 직접 사형집행을 하지 않으시더라도 가인을 보호하는 표를 주시는 것은 적절치 않아 보입니다.

바울은 율법이 있기 전에도 사람들이 죄를 지었지만, 그때는 무엇이 죄인지 제대로 알지 못했었다고 합니다: "죄가 율법 있기 전에도 세상에 있었으나 율법이 없었을 때에는 죄를 죄로 여기지 아니하였느니라"(롬 5:13). 이처럼 가인이 살인을 저질렀지만, 당시에는 그 죄에 대한 개념이 없었습니다. 그리고 죄에 대한 형벌도 정립되지 않았었습니다. 살인이 죄라는 개념도 없고 그에 따른 형벌도 없는데 사형시켜 버린다면 단지 목숨을 거두는 것에 불과합니다. 그렇기에 가인의 죄는 분명하지만, 그에 따라 처벌하지 않으신 것입니다.

그리고 가인을 보호하는 표를 주신 이유는 보복을 허락하지 않으신 것입니다. 보복살인을 허락한다면 세상은 정의를 구현한다는 명분으로 복수가 꼬리에 꼬리를 물 것입니다. 그래서 가인을 죽인 자는 일곱 배로 벌하시겠다고 엄하게 경고하신 것입니다. 하나님께서 이차적인 살인을 막으신 것이지 살인자를 보호하시려는 의도는 아닙니다. 가인은 살인죄에 대한 벌을 받았습니다. 먼저 땅이 저주를 내어 가인에게 소출을 주지 않은 것입니다. 또한 하나님의 보호 아래에 있을 수 없이 떠나야 했습니다. 거룩하신 하나님으로부터의 단절이 가인이 감당해야 할 죄의 결과였습니다.

1. 다음 중 창세기의 주제는?

① 여자의 후손 　　② 기원들 　　③ 언약 　　④ 심판

2. 창세기에서 '죄'라는 단어가 처음 언급된 사건은?

① 선악과 사건

② 가인과 아벨의 제사

③ 노아시대 홍수심판

④ 바벨탑 사건

3. 가인과 아벨은 왜 제물을 드렸을까요?

① 하나님께서 주신 수입에 감사해서

② 아담에게 제사하라고 배워서

③ 하나님께서 제물을 바치라고 하셔서

④ 여자의 후손인 계승자가 누구인지 알기 위해

4. 가인과 아벨 사건의 핵심 주제는?

① 제사란 무엇인가?

② 여자의 후손인 계승자는 누구인가?

③ 죄의 결과

④ 인간의 죽음

영상으로 시청하기

2. 노아는 왜 함의 아들 가나안을 저주했을까?

창세기 9:20~27

창세기 9장에는 홍수심판 이후에 일어난 특이한 사건이 기록되어 있습니다. 노아가 포도주를 마시고 취해 알몸으로 잠들었습니다. 그때 노아의 아들인 함이 그 모습을 다른 형제들에게 말했습니다. 노아의 다른 두 아들인 셈과 야벳은 아버지의 치부를 가렸습니다. 술이 깬 노아는 자초지종을 듣고 함의 아들인 가나안을 저주합니다. 그리고 이어서 셈과 야벳을 축복합니다.

제가 한국 교회에서 가장 많이 들은 이 본문의 설교는 다음과 같습니다. "셈과 야벳이 아버지의 실수를 덮어주었듯 부모님께 효도하면 하나님의 축복을 받는다." 또는 "노아의 축복과 저주가 이루어졌듯이 우리 말에는 권세가 있다."

그러나 이 본문은 홍수심판이 일단락되고 창세기가 소개하는 첫 번째 사건이자 노아에 관한 마지막 사건입니다. 이처럼 중요한 본문이 효도나 말의 권세라는 생뚱맞은 메시지를 전하기 위해 기록으로 남겨졌을까요? 이 사건이 지닌 핵심 주제가 무엇인지 알아보겠습니다.

이 사건을 읽으면 두 가지 의문이 생깁니다. 첫째, 함이 저주받을 만큼 큰 잘못을 한 건가? 노아의 잘못은 없는가?

둘째, 함이 잘못했다면 함이 책임을 져야지 왜 그의 아들인 가나안이 저주받는가?

먼저 첫 번째 질문에 답변드리겠습니다. 고대에 수많은 사건이 있었을 것입니다. 창세기 저자는 그중 신학적으로 중요한 사건만을 선별하여 전해주었습니다. 이 사건을 단순한 에피소드로 보면 안 됩니다. 창세기의 주제를 따라 신학적인 해석이 필요합니다.

아담의 타락 이후 인류는 악으로 가득하여 결국 심판받았습니다. 홍수심판 이후 노아는 새로운 인류의 조상이 되었습니다. 이제부터 정신 차리고 새로운 마음으로 바로 살면 될 것 같습니다. 그러나 노아는 치부를 스스로 드러내고 말았습니다. 이는 선악을 알게 하는 나무의 열매를 먹고 치부를 가려야 했던 아담을 연상시킵니다. 결국 노아의 부끄러운 모습은 새로 시작한 인류도 자신의 치부를 가릴 근본적인 문제를 해결하지 못했음을 상징합니다.

한편 함은 인류의 대표가 되는 노아의 치부를 다른 형제들에게 전했습니다. 그러나 셈과 야벳은 노아의 치부를 가려주었습니다. 이는 치부를 폭로하는 자와 치부를 덮어주는 자의 대비로 비유적 메시지를 지니고 있습니다. 셈과 야벳은 가죽옷으로 첫 사람의 치부를 가려주신 하나님을 따른 신앙의 행동을 한 것입니다. 반면 함의 행동은 옛 뱀을 따라 인간의 치부를 고발하는 타락한 본성을 보여줍니다. 따라서 노아의 잘못인가 함의 잘못인가를 따지는 건 이 사건의 핵심에서 벗어난 논점입니다.

노아는 이 사건으로 새로운 인류도 홍수심판을 받은 그 전 인류와 다를 바 없음을 깨닫습니다. 하나님께서 말씀하셨던 창세기 3:15의 여자의 후손이 필요하다고 느낍니다. 노아는 그 후손의 정통성이 셈에게 있다고 밝힙니다. 그것이 셈에게 한 축복의 의미입니다.

다음으로 두 번째 질문에 답변드리겠습니다. 노아는 왜 함을 저주하지 않고 그의 아들인 가나안을 저주했을까? 함의 과실을 왜 가나안이 감당해야 하는가는 올바른 질문이 아닙니다. 노아는 함의 과실에 대한 책임을 가나안에게 지운 것이 아닙니다. 〈개역개정〉에서 "되기를 원하노라"로 번역된 히브리어는 동사 '하야'(היה)의 미완료형입니다. '하야'(היה)의 뜻은 '~되다', '~이다', '~이 일어나다' 입니다.

25 이에 이르되 가나안은 저주를 받아 그의 형제의 종들의 종이 되기를 원하노라(היה) 하고
26 또 이르되 셈의 하나님 여호와를 찬송하리로다 가나안은 셈의 종이 되고
27 하나님이 야벳을 창대하게 하사 셈의 장막에 거하게 하시고 가나안은 그의 종이 되게 하시기를 원하노라(היה) 하였더라
(창 9:25~27)

그러나 〈개역개정〉에는 축복과 저주에 노아의 의지가 반영된 '되기를 원하노라'로 의역되었습니다. 이 단어를 직역에 가깝게 번역한 〈새번역〉 성경을 확인해보겠습니다.

25 이렇게 말하였다. "가나안은 저주를 받을 것이다. 가장 천한 종이 되어서, 저의 형제들을 섬길 것이다(היה)."
26 그는 또 말하였다. "셈의 주 하나님은 찬양받으실 분이시다. 셈은 가나안을 종으로 부릴 것이다.
27 하나님이 야벳을 크게 일으키셔서, 셈의 장막에서 살게 하시고, 가나안은 종으로 삼아서, 셈을 섬기게 하실 것이다(היה)."
(창 9:25~27 새번역)

　이처럼 노아는 가장으로서 아들들의 운명을 결정하기 위해 축복과 저주를 한 것이 아닙니다. 선지자로서 가나안 민족이 죄악으로 심판받으리라고 예언한 것입니다. 당시에는 하나님께서 이스라엘 민족을 백성으로 삼아 가나안 민족이 사는 지역을 영토로 주실 줄 알지 못했습니다. 또한 가나안 민족들이 심판에 이를 정도로 타락할 줄도 몰랐습니다. 단지 노아는 가나안의 심판을 예언한 것입니다.

1. 창세기에서 아담과 노아의 공통점은 무엇인가요?

① 인류의 시조이다.

② 인류의 대표성이 있다.

③ 치부가 드러났다.

④ 다른 이가 치부를 가려주었다.

2. 술 취한 노아 본문에서 노아가 한 말은?

① 예언

② 계승자 선언

③ 축복과 저주

④ 기도

3. 술 취한 노아 사건이 지닌 의미는?

① 심판 후 새로 시작해도 변함없는 인류

② 치부를 폭로하는 자와 치부를 가려주는 자

③ 누가 여자의 후손인 계승자인가?

④ 부모에게 예를 갖추어야 복을 받는다.

⑤ 신자의 말에는 권세가 있다.

영상으로 시청하기

3. 왜 할례를 명령하셨을까?

창세기 17:9~14

율법을 보면 이스라엘 남자들은 할례를 해야 합니다. 할례는 남자의 성기를 뒤덮은 피부조직을 제거하는 예식입니다. 하나님께서는 할례를 '언약의 표징'이라고 하셨습니다. 그래서 할례가 이스라엘 민족과 다른 민족을 구별하는 표식이라 생각할 수 있습니다. 분명 할례는 하나님의 백성과 그렇지 않은 자들을 구별하는 역할을 합니다. 그러나 다른 민족과 구별하기 위해서라면 드러나는 곳에 표식을 남기는 편이 더 효과적으로 보입니다. 하나님께서는 왜 할례를 명령하셨을까요?

할례는 하나님께서 모세를 통해 율법으로 주시기 전 아브라함에게 먼저 하신 명령입니다. 아브라함은 여종을 통해 이스마엘을 낳았지만, 적장자를 얻지 못했습니다. 안타깝게도 시간이 흘러 아내 사라가 폐경하고 말았습니다. 그래서 더 이상 적장자를 얻을 수 없다고 생각하고 있었습니다. 그런데 하나님께서 아브라함과 언약을 맺으시며 할례를 명령하셨습니다. 아브라함은 할례를 행한 후 고대하던 계승자 이삭을 얻었습니다. 아브라함은 할례를 하기 전에 이스마엘을 낳았었습니다. 따라서 할례를 했기 때문에 사라가 임신할 수 있었던 것은 아닙니다. 하나님께서 어떤 목적을 가지고 사라의 임신을 허락하지 않으셨다가 아브라함이 할례를 행한 후 비로소 허락하신 것입니다. 그렇게 하신 하나님의 목적은 무엇일까요?

할례는 우리에게 어떤 메시지를 주기 위한 비유적 예식입니다. 할례가 비유로 가리키는 실체는 인간이 스스로 공의를 이룰 수 없음을 깨닫는 것입니다. 구약성경에는 특이한 할례에 관한 내용이 있습니다. 그것은 '마음에 하는 할례'입니다. '마음에 하는 할례'는 구약성경 여러 곳에서 발견됩니다. 먼저 모세가 언급한 신명기 30:6을 확인해보겠습니다.

네 하나님 여호와께서 네 마음과 네 자손의 마음에 할례를 베푸사 너로 마음을 다하며 뜻을 다하여 네 하나님 여호와를 사랑하게 하사 너로 생명을 얻게 하실 것이며
(신 30:6)

이는 모세가 광야에서 40년의 사역을 마치며 마지막에 남긴 예언 중 일부입니다. 모세는 이스라엘 백성들이 하나님을 배반하여 결국에는 다른 나라에 포로로 잡혀갈 것을 예언했습니다. 그러나 그곳에서 하나님의 약속을 기억하고 돌이킨다면 이스라엘 백성들의 마음에 할례를 베푸시겠다는 말씀입니다. 이 예언은 선지자 예레미야를 통해 다시 언급됩니다.

유다인과 예루살렘 주민들아 너희는 스스로 할례를 행하여 너희 마음 가

죽을 베고 나 여호와께 속하라 그리하지 아니하면 너희 악행으로 말미암아 나의 분노가 불 같이 일어나 사르리니 그것을 끌 자가 없으리라 (렘 4:4)

   남유다가 바벨론에 의해 멸망하기 전 하나님께서 예레미야를 통해 전하신 말씀입니다. 여기에서 육신에 행하는 할례처럼 마음을 덮고 있는 부분을 제거하라고 하셨습니다. 이어서 예레미야는 다음과 같은 말씀도 전해줍니다.

25 여호와의 말씀이니라 보라 날이 이르면 할례 받은 자와 할례 받지 못한 자를 내가 다 벌하리니
26 곧 애굽과 유다와 에돔과 암몬 자손과 모압과 및 광야에 살면서 살쩍을 깎은 자들에게라 무릇 모든 민족은 할례를 받지 못하였고 이스라엘은 마음에 할례를 받지 못하였느니라 하셨느니라
(렘 9:25~26)

   다른 민족들은 몸의 할례를 받지 못했습니다. 반면 이스라엘은 몸의 할례는 받았지만, 마음의 할례를 받지 못했습니다. 이는 무언가 이스라엘의 마음을 뒤덮고 있다는 의미입니다. 하나님께서는 결국 육신의 할례를 했든 안 했든 다를 바 없다고 하셨습니다. 따라서 육신에 행한 할례로는 아직 부족하며 마음에 할례를 받아야 함을 알 수 있습니다. 육신의 할례는 마음의 할례를 설명하기 위한 비유였던 것입니다. 그렇기에 사도 바울이 육신의 할례가 진정한 할례가 아니라 마음에 할

례를 해야 한다고 말한 것입니다.

28 무릇 표면적 유대인이 유대인이 아니요 표면적 육신의 할례가 할례가
아니니라
29 오직 이면적 유대인이 유대인이며 할례는 마음에 할지니 영에 있고
율법 조문에 있지 아니한 것이라 그 칭찬이 사람에게서가 아니요 다만 하
나님에게서니라
(롬 2:28~29)

　그렇다면 '마음을 덮고 있는 가죽'은 무엇을 가리키는 것일
까요? 인간은 스스로 율법의 의를 이룰 수 없어 타락하였습
니다. 그러나 자신이 율법의 의를 충족하여 하나님께 나아갈
수 있다고 믿었습니다. 이처럼 진실을 깨닫지 못한 인간의 상
태를 '마음을 가죽이 덮고 있다'라고 비유하신 것입니다.
　하나님께서는 인간이 스스로 공의를 충족할 수 없는 비참
한 상태임을 깨닫지 못하고 있음을 알고 계셨습니다. 인간의
진실한 신앙은 자신의 부패와 무능을 인정하는 것에서 시작
합니다. 자신이 율법의 의를 만족시킬 수 없는 존재임을 인정
하는 것이 바로 마음에 행하는 할례입니다. 인간은 스스로 율
법의 의를 만족시킬 수 없음을 인정하고 나서야 비로소 대속
의 은혜가 필요함을 알게 됩니다. 인간이 자신의 의가 아닌
대속의 의로 하나님께 나아갈 수 있음을 깨닫게 되면 드디어
하나님의 인간 구원 프로젝트의 신비가 이루어집니다. 세상
이 이해할 수 없는 성령 하나님께서 인간에게 함께 하시게 됩

니다. 성령 하나님께서 함께하시는 인간은 비로소 율법이 가진 진의를 깨닫게 됩니다. 그리고 그 의에 순종하게 됩니다.

이러한 일련의 과정에서 인간이 자기 의로 하나님의 율법을 지킬 수 있다고 믿고 노력하는 시기가 있습니다. 바로 율법 아래 거하는 때로 아직 자신의 전적인 부패를 깨닫지 못한 시기입니다. 이때 인간은 율법을 지키기 위해 노력하여 인간이 보기에 의롭다고 할 만한 결과를 어느 정도 얻기도 합니다.

아브라함이 하나님의 약속을 자신이 이루어 보려고 종을 통해서 이스마엘을 낳은 것처럼 말입니다. 인간이 보기에 이스마엘은 아브라함의 계승자처럼 보였습니다. 그러나 이스마엘은 하나님께서 약속하셨던 계승자가 아니었습니다. 아브람이 할례 전에 낳은 이스마엘은 인간이 율법의 의를 이루려 스스로 노력한 결과를 상징합니다. 아브람은 자신의 힘으로 하나님의 약속을 지키려 했지만, 가정에 갈등만 더해졌습니다. 자신의 한계를 절실히 느끼고 모든 걸 내려놓았을 때 하나님께서 내 언약이라고 강조하시며 아브라함에게 할례를 명령하셨습니다. 그리고 하나님께서 약속하신 계승자 이삭을 얻었습니다. 할례 후 낳은 이삭은 하나님께서 이룩하신 의를 상징합니다. 하나님께서는 이러한 내용을 아브라함의 인생 모델로 설명하신 것입니다.

한편 이스라엘 백성들은 하나님의 율법을 지키지 못하고 멸망하여 역사에서 실체가 드러났습니다. 그들이 포로로 잡혀가서 자신들이 율법의 의를 만족시킬 수 없는 죄인임을 깨닫는 것, 그것이 바로 마음에 할례가 이루어지는 것입니다. 이와 같은 하나님의 일하심이 역사로 그냥 이루어진다면 사람들은 그것을 하나님께서 하셨다는 사실을 모르고 지나칠 것입니다. 하나님께서는 그러한 내용을 알려주시기 위한 비유로 할례라는 예식을 먼저 행하라고 하신 것입니다. 할례를 '언약의 표징'이라고 말씀하신 이유는 할례가 인간의 구원을 위해 하나님께서 일하신 증거이기 때문입니다.

1. 이스마엘과 이삭의 출생 사이에 어떤 일이 있었나요?

① 아브라함이 할례를 행함

② 하나님께서 아브라함과 사라의 이름을 바꾸어주심

③ 아브라함이 소돔과 고모라의 중재자로 나섬

④ 아브라함이 기도한 후 아비멜렉 집의 태가 열림

2. '마음의 할례'를 이야기한 사람은?

① 모세   ② 예레미야   ③ 에스겔   ④ 바울

3. 다음 중 '마음의 할례'와 관계있는 것은?

① 포로 귀환   ② 새 언약   ③ 거듭남   ④ 성령의 내주

영상으로 시청하기

4. 예수님께서는 땅에 뭐라고 쓰셨을까?

요한복음 7:53~8:11

하루는 예수님을 시기하는 사람들이 예수님을 시험하고자 간음한 여인을 데리고 왔습니다. 모세의 율법을 따르면 그 여인은 사형입니다. 사랑과 용서를 가르치신 예수님께서 어떻게 하실지 궁금합니다. 그때 예수님께서는 뜬금없이 땅에 무언가를 쓰셨습니다. 본문은 그 내용을 알려주지 않았습니다. 과연 그 내용은 무엇이었을까요? 이 사건의 의미를 생각해보고 땅에 쓰신 내용을 추론해보겠습니다.

먼저 본문을 간략히 소개하겠습니다. 예수님께서 성전에서 사람들을 가르치고 계셨습니다. 그때 서기관들과 바리새인들이 한 여인을 데리고 와서 사람들 가운데 세웠습니다. 모인 사람들은 무슨 영문인지 어리둥절했습니다. 그 여인을 데리고 온 사람들이 예수님께 말했습니다. "선생님, 이 여자가 간음하다가 현장에서 잡혔습니다. 모세는 율법에 이러한 여자를 돌로 치라고 했는데 선생님은 어떻게 말씀하시겠습니까?" 서기관들과 바리새인들은 예수님을 시기했습니다. 사람들이 자기들을 외면하고 예수님을 따랐기 때문입니다. 그래서 그들은 예수님을 고발할 빌미를 잡기 위해 간음하다 잡힌 여인을 데리고 온 것입니다.

예수님께서는 하나님의 나라에 대해 가르치시며 사랑과 용서를 강조하셨습니다. 그렇기에 예수님께서 간음한 여인을 율법에 따라 죽여야 한다고 말씀하신다면 사랑과 용서의 가르침과 충돌이 발생합니다. 그렇다면 예수님께서 하신 말씀의 권위가 실추될 것입니다. 반대로 간음한 여인에게 긍휼을 베풀라고 한다면 율법을 어기는 상황입니다. 서기관들과 바리새인들은 예수님을 곤경에 빠뜨릴 묘수를 내었습니다. 모두 예수님께서 어떤 결정을 하실지 관심이 집중되었습니다.

그런데 예수님께서 답변은 하지 않으시고 엉뚱한 행동을 하셨습니다. 허리를 굽혀 손가락으로 땅바닥에 무언가 쓰시는 것이었습니다. 그러자 서기관들과 바리새인들이 예수님께 대답하라고 다그쳤습니다. 예수님께서는 일어나셔서 그곳에 모인 사람들에게 다음과 같이 말씀하셨습니다. "너희 중에 죄 없는 자가 먼저 돌로 치라." 그리고는 다시 손가락으로 땅바닥에 무언가를 쓰셨습니다. 율법에 따르면 간음한 죄인들을 돌로 쳐 죽여야 합니다: "어떤 남자가 유부녀와 동침한 것이 드러나거든 그 동침한 남자와 그 여자를 둘 다 죽여 이스라엘 중에 악을 제할지니라 … 너희는 그들을 둘 다 성읍 문으로 끌어내고 그들을 돌로 쳐죽일 것이니"(신 22:22~24a). 그래서 예수님께서 죄가 없는 사람이 그 여인을 돌로 쳐서 사형을 집행하라고 하신 것입니다.

그러자 누구도 선뜻 나서 그 여인에게 돌을 던지지 못했습니다. 왜냐하면 누구도 자신에게 죄가 없다고 할 수 없었기 때문입니다. 결국 모두 양심에 찔려 그곳을 떠나버렸습니다. 여인을 고소하던 사람들이 모두 떠나자 예수님께서 자리에서 일어나셨습니다. 그리고 그 여인에게 자신도 정죄하지 않겠다고 하시며 다시 죄를 범하지 말라고 말씀하셨습니다. 그렇게 사건은 일단락됐습니다.

이 본문을 통해 우리는 모두 죄인이기에 서로 정죄할 자격이 없음을 알 수 있습니다. 또한 예수님께서 간음한 여인을 정죄하지 않으신 것처럼 우리도 다른 사람의 허물을 덮어주어야 한다고 생각합니다. 그런데 이 사건에는 의문이 하나 남습니다. 그것은 예수님께서 손가락으로 땅에 무언가를 쓰신 행동입니다. 예수님께서는 그 긴박한 상황에 왜 땅에 무언가를 쓰셨을까요? 그 내용은 무엇이었을까요?

본문은 그 내용을 알려주지 않습니다. 그래서 우리는 단지 추측해볼 뿐입니다. 어떤 이들은 당시 모인 사람들이 불법한 내용을 쓰셨다고 생각합니다. 그러기에 그 내용을 본 사람들이 마음이 뜨끔하여 자리를 피했다는 것입니다. 한편에서는 무슨 내용인지 우리가 알 필요가 없으니 요한복음의 저자가 그 내용을 언급하지 않았다고 생각합니다. 그래서 무리한 억측은 삼가는 게 좋다고 말합니다. 여러분은 어떻게 생각하시나요?

저는 예수님께서 땅에 쓰신 내용보다 그 행동에 의미가 있다고 생각합니다. 하지만 그 내용을 추정해보자면 예수님께서 땅에 십계명을 쓰지 않으셨을까 생각합니다. 그 이유는 다음과 같습니다. 요한복음은 목적을 위해 엄선된 사건이 기록되었습니다. 그 목적은 예수님께서 하나님의 아들이심을 사람들이 믿도록 하는 것입니다: "예수께서 제자들 앞에서 이 책에 기록되지 아니한 다른 표적도 많이 행하셨으나 오직 이 것을 기록함은 너희로 예수께서 하나님의 아들 그리스도이심을 믿게 하려 함이요 또 너희로 믿고 그 이름을 힘입어 생명을 얻게 하려 함이니라"(요 20:30~31).

거기에서 한 걸음 더 나아가 예수님께서 하나님이심을 암시하고 있습니다. 요한복음의 서론인 1장에서 태초에 세상을 창조하신 말씀을 예수님과 동일시하고 있으며: "태초에 말씀이 계시니라 이 말씀이 하나님과 함께 계셨으니 이 말씀은 곧 하나님이시니라"(요 1:1), 부활하신 예수님을 보고 도마가 '나의 하나님'이라고 한 고백을 기록한 것이 그런 의미입니다: "도마가 대답하여 이르되 나의 주님이시요 나의 하나님이시니이다"(요 20:28). 이처럼 사도 요한은 예수님을 구약성경의 하나님으로 지목하고 있습니다.

그에 따라 예수님께서 손가락으로 무언가를 쓰신 상황을 생각해보면 구약성경의 한 사건이 떠오릅니다. 신명기를 보면 하나님께서 모세에게 십계명을 기록한 돌판을 주시는 내용이 있습니다.

여호와께서 두 돌판을 내게 주셨나니 그 돌판의 글은 하나님이 손으로 기록하신 것이요 너희의 총회 날에 여호와께서 산상 불 가운데서 너희에게 이르신 모든 말씀이니라
(신 9:10)

   모세는 그 돌판을 받아들고 산에서 이스라엘 백성들에게 내려왔습니다. 그러나 이스라엘 백성들은 우상을 만들어 하나님을 헛되이 섬기고 있었습니다. 그 모습을 보고 모세는 분노하며 돌판을 부숴버립니다. 이후 하나님께 다시 나아가서 새롭게 돌판을 받습니다.

여호와께서 그 총회 날에 산 위 불 가운데에서 너희에게 이르신 십계명을 처음과 같이 그 판에 쓰시고 그것을 내게 주시기로
(신 10:4)

   이처럼 하나님께서는 십계명 돌판을 두 번 모세에게 주셨는데 두 번 모두 손가락으로 직접 써주셨습니다. 그런데 요한복음 사건에서 예수님께서는 손가락으로 땅에 두 번 무언가를 쓰셨습니다. 이는 모세에게 십계명 돌판을 주시는 하나님을 떠오르게 합니다. 바로 예수님께서 율법을 제정하시고 십계명을 주신 하나님이심을 암시하셨습니다. 사도 요한은 예

수님의 행동에서 그 의미를 깨닫고 기록으로 남긴 것입니다. 이 해석이 옳다면 예수님께서 땅에 쓰신 내용은 아마도 십계명이었을 것입니다. 이 사건은 예수님께서 율법의 정죄에서 죄인을 용서할 권세가 있는 율법의 제정자이심을 알려주고 있습니다.

1. 요한복음의 핵심 주제는?

① 예수님은 하나님의 아들이시다.

② 예수님은 하나님이시다.

③ 예수님은 그리스도이시다.

④ 예수님은 세상의 구주이시다.

2. 하나님께서 언약의 돌판을 왜 손으로 써주셨을까요?

① 율법이 하나님에 의해 제정되었음을 강조하신 것이다.

② 하나님께서 기록하셨다는 문학적인 표현이다.

③ 언약의 증거이기에 자필서명과 같은 의미이다.

④ 돌판에 기록하는 주체가 하나님이심을 알려주신 것이다.

3. 율법을 범한 죄를 용서할 수 있는 권세는 누구에게 있을까요?

① 율법의 제정자

② 재판관

③ 교회

④ 하나님

영상으로 시청하기

제3장 성경 읽기의 레벨업Ⅱ: 하나님의 관점에서 읽기 ──

제3장 성경 읽기의 레벨업Ⅱ: 하나님의 관점에서 읽기

사람들은 성경에서 적용할만한 교훈을 끌어내는 경우가 많습니다. 성경을 삶의 기준으로 삼으려는 동기는 훌륭합니다. 그러나 우려되는 측면이 존재합니다. 본문이 무엇을 말하는가에 초점을 맞추기보다 교훈을 위해 자의적으로 해석하는 경우가 많습니다. 성경은 하나님의 뜻과 일하심에 초점이 맞춰져 있습니다. 그래서 하나님의 관점으로 보지 않으면 진의를 알기 힘든 본문도 있습니다. 이 장에서는 그러한 본문을 살펴보겠습니다.

1. 왜 이삭을 바치라고 하셨을까?

창세기 22:1~19

창세기 22장에는 논란이 많은 사건이 있습니다. 하나님께서 아브라함에게 이삭을 번제로 바치라고 명령하십니다. 이후 아브라함을 만류하시어 이삭이 죽지 않고 상황이 마무리되었습니다. 따라서 하나님께서는 애초에 이삭을 제물로 원하지 않으셨습니다. 아브라함의 충성심을 시험해보신 것입니다. 그래서 우리는 이 본문에서 아브라함의 신앙에 초점을 맞춥니다. 그러나 여기에는 아브라함의 신앙보다 더 핵심 주제가 있습니다. 하나님께서는 왜 굳이 자식을 바치라고 시험하셨을까요? 이 사건에 담긴 하나님의 뜻을 알아보겠습니다.

먼저 본문을 간단히 소개하겠습니다. 하나님께서 아브라함에게 이삭을 번제로 바치라고 명령하십니다. 이삭은 아브라함이 100세에 낳은 소중한 아들입니다. 번제는 제물을 불태워서 드리는 제사입니다. 그러니 하나님께서 이삭을 죽이라고 말씀하신 것입니다. 아브라함은 그 명령에 순종하여 이삭을 묶어 제단 위에 올려놓고 칼을 뽑아 들었습니다. 그때 천사가 황급히 아브라함을 말렸습니다. 아브라함은 천사의 명령을 듣고 멈추었습니다. 그때 주변 수풀에 뿔이 걸려 움직이지 못하는 양이 있었습니다. 아브라함은 이삭을 대신해 그 양을 번제로 드렸습니다. 이후 하나님께서는 천사를 통해 다음과 같이 약속하셨습니다.

네 씨가 그 대적의 성문을 차지하리라 또 네 씨로 말미암아 천하 만민이 복을 받으리니
(창 22:17b~18a)

여기에서 "네 씨"는 예수 그리스도를 가리킵니다: "이 약속들은 아브라함과 그 자손에게 말씀하신 것인데 여럿을 가리켜 그 자손들이라 하지 아니하시고 오직 한 사람을 가리켜 네 자손이라 하셨으니 곧 그리스도라"(갈 3:16). 그리고 "그 대적"은 사탄입니다. 이는 예수 그리스도께서 사탄의 세력을 이겨서 인류가 복을 누리게 되리라는 약속입니다. 아브라함은

이 사건을 기념하여 그 땅을 '여호와이레'라고 불렀습니다. 그 뜻은 '여호와께서 준비하신다'입니다. '여호와이레'는 아브라함이 번제 할 양을 미리 준비해주셨다는 의미로 한 말이지만 십자가 사건의 복선이 되었습니다. 이에 따라 하나님께서는 친히 인간의 죄를 대속하기 위한 제물을 준비하셨습니다.

많은 사람은 이 본문을 읽고 아브라함의 신앙에 대해 말합니다. 100세에 낳은 독자를 바치는 신앙. 지체하지 않고 바로 결단하고 출발하는 신앙. 물론 이런 아브라함의 신앙은 훌륭합니다. 그러나 본문의 핵심은 모든 것을 다 바칠 수 있는 아브라함의 신앙이 아닙니다. 하나님께서 아브라함의 신앙을 확인하시려면 다른 방법이 얼마든지 있습니다. 그런데 왜 굳이 유일한 상속자를 죽여서 바치라는 시험을 하셨을까요? 자기 아들을 희생시키는 자체에 의미가 있기 때문입니다.

여기에서 우리가 하나님의 관점에서 생각해볼 점이 있습니다. 하나님께서 아들을 십자가에 희생시키실 때 마음이 어떠셨을까요? 저는 그 마음이 어떨지 가늠이 안 됩니다. 자기 목숨과 맞바꾸어서라도 자녀를 구하고자 하는 마음, 그것이 부모의 마음일 것입니다. 그런 부모의 마음은 어디에서 온 것입니까? 부모로서 가진 자녀에 대한 애틋한 사랑의 원형은 하나님께 속한 것입니다. 그것을 하나님의 형상을 따라 지어진 우리가 갖게 된 것입니다. 인간이 부모로서 지닌 사랑은 타락하여 온전하지 못한 점도 있습니다. 그러나 그 사랑의 본질인 하나님 아버지의 마음은 실로 완전하고 온전한 것입니다.

그런데 그의 아들이 십자가에서 아버지 하나님을 애타게 부르짖었습니다: "나의 하나님, 나의 하나님, 어찌하여 나를 버리셨나이까"(마 27:46b). 그때 하나님께서는 어떻게 하고 계셨을까요? 팔짱을 끼고 내려다보고 계셨을까요? 아닙니다. 아마도 입술을 굳게 다무시고 두 주먹을 쥐시고 두 눈을 감고 계셨을 것입니다. 왜냐하면 자기 아들의 죽음에 마음이 찢길 듯 아프셨기 때문입니다. 하나님께서는 천사 중 하나만 보내도 인간들을 멸하고 십자가에서 자기 아들을 구하실 수 있으셨습니다. 그런데도 참으셨습니다. 천사들은 주군을 구하기 위해 출동 명령을 기다렸지만, 하나님께서는 끝내 허락하지 않으셨습니다.

그렇게 하나님의 아들은 처절하게 죽어갔습니다. 그 마음을 누가 알 수 있을까요? 우리는 그 실체를 잘 모릅니다. 그런데 한 사람은 그런 아버지의 마음을 알 수 있었을 것입니다. 그 사람은 바로 아브라함입니다. 왜냐하면 그는 마음을 찢으며 자기 아들을 희생시키려 했었기 때문입니다. 하나님께서 아브라함의 신앙을 확인하시려면 다른 시험을 하실 수도 있으셨습니다. 또 예수 그리스도의 희생을 작정하셨다면 아브라함에게 이런 시험을 하지 않으시고 약속하실 수도 있으셨습니다. 그러나 굳이 이삭을 바치라고 하신 이유는 자식을 희생시키는 아버지의 마음을 가르치기 위함이었습니다.

아브라함은 이 사건 당시에는 그 의미를 몰랐을 수 있습니다. 그러나 천국에서 하나님께서 자기 아들을 십자가에 죽기까지 내버려 두시는 것을 보았습니다. 그때 자신이 이삭을 죽이려 했던 이 사건을 기억했을 것입니다. 그리고 하나님의 마음이 무너지는 것을 느꼈을 것입니다. 여호와이레 사건의 중심에는 바로 이 마음이 있습니다. 본문이 우리에게 말하는 건 죄인을 위해 독자까지 희생하신 하나님 아버지의 심정을 알아달라는 것입니다.

1. 창세기 22:1~19의 주제는?

① 가장 사랑하는 것까지 바칠 수 있는 아브라함의 신앙

② 연로한 아버지를 제재하지 않고 따른 이삭의 순종

③ 하나님께 모든 것을 다 바칠 수 있는 신앙이 증명되면 복을 받는다.

④ 하나님께서는 우리 인생에 필요한 것을 준비해주신다.

2. 하나님께서는 왜 이삭을 바치라고 시험하셨을까요?

① 아브라함이 자신과 아들 중 누구를 더 사랑하는지 확인하시려고

② 아브라함에게 복 주실 명분을 얻으시려고

③ 자식을 희생시키는 제사를 미리 알려주는 표징으로

④ 자식을 희생시키는 아버지의 마음을 느껴보도록

3. 여호와이레 사건의 핵심 키워드는?

① 믿음   ② 순종   ③ 언약   ④ 아버지

4. 성경 전체에서 여호와이레 사건이 지닌 의미는 무엇일까요?

① 대적을 이길 여자의 후손에 대한 약속을 아브라함에게 재확인

② '땅의 모든 족속이 복을 받게 되리라'(창 12:3)는 아브라함과의 약속을 경신

③ 예수 그리스도의 대속 사역의 복선

④ 유일한 상속자의 희생이라는 메시지

영상으로 시청하기

2. 왜 병 고쳐주신 사실을 알리지 말라고 하셨을까?

마가복음 2:1~12

예수님께서 한 나병환자를 낫게 해주셨습니다. 그리고는 그 사실을 아무에게도 알리지 말라고 하셨습니다: "곧 보내시며 엄히 경고하사 이르시되 삼가 아무에게 아무 말도 하지 말고"(막 1:43~44a). 그러나 병이 나은 사람은 예수님 덕분이라고 다른 사람들에게 말했습니다. 그로 인해 많은 사람이 예수님을 찾아 몰려들었습니다. 그러자 예수님께서는 인적이 드문 곳으로 피하셨습니다. 병 고친 사실이 널리 퍼져 소문이 나는 편이 복음을 전하기 더 좋을 것입니다. 그런데 왜 예수님께서는 자신이 병을 고쳐주신 사실을 알리지 말라고 하셨을까요?

이 사건은 '메시아 비밀'로 널리 알려졌습니다. '메시아 비밀'은 예수님께서 병을 낫게 해주신 사건이나 그리스도임을 비밀로 하신 이유를 설명하기 위해 루터파 독일 신학자 빌리암 브레데가 주장한 가설의 통칭입니다.[3] 브레데의 주장을 요약하면 다음과 같습니다. '예수는 공생애 기간에 자신이 메시아인 줄 몰랐고 다른 사람들도 예수를 메시아라고 여기지 않았다. 그러나 이후 초대교회에서 예수가 메시아라는 신앙

---

3) William Wrede, 『Das Messiasgeheimnis in den Evangelien』, (Vandenhoeck, 1901).

이 생겨났다. 그로 인해 마가는 초대교회의 메시아 신앙과 예수의 실제 역사의 간극을 메워야 할 필요성을 느꼈다. 그래서 예수가 자신이 메시아임을 드러내지 않도록 비밀로 했었다고 기록한 것이다.'

이는 본문을 예수님의 입장으로 파악하지 못해서 나온 가설입니다. 예수님께서 병을 낫게 하신 사실을 비밀로 하신 이유는 바로 이어지는 본문인 마가복음 2:1~12를 통해 알 수 있습니다.

나병환자를 낫게 해주시고 며칠 후 예수님께서 가버나움의 한 집에 머물고 계셨습니다. 그 소식을 듣고 많은 사람이 그 집으로 모였습니다. 어느새 집 안은 사람들로 가득 찼고 문밖까지 북새통을 이루었습니다. 그중에는 중풍 병자를 들것에 싣고 온 사람들이 있었습니다. 그들은 예수님께서 중풍을 치료해주시길 기대했습니다. 그런데 사람이 너무 많아 예수님께 다가갈 수 없었습니다. 그래서 그들은 지붕으로 올라가 천장을 뜯어내고 환자가 누운 들것을 끈으로 묶어 예수님께 내려보냈습니다.

그곳에 모인 사람들은 예수님께서 그 중풍 병자를 어떻게 하실지 궁금했습니다. 희망이 없는 병을 낫게 하시는 기적을 눈앞에서 본다는 기대감이 가득했을 것입니다. 예수님께서는 병이 나을 수 있다는 그들의 믿음을 보시고 환자에게 말씀하셨습니다. 그런데 예수님께서는 그 환자에게 "작은 자야 네 죄 사함을 받았느니라"(막 2:5b)라고 말씀하셨습니다. 그곳에 모인 사람들은 실망했습니다. 병을 고쳐주실 줄 잔뜩 기대하고 있었는데 기적은 일어나지 않았습니다. 게다가 죄를 용서받았다는 선포라니 뜬금없이 느껴졌습니다.

그곳에는 서기관들이 있었습니다. 서기관은 기록물을 남기는 율법 학자이자 교사입니다. 오늘날로 보면 신학자와 비슷합니다. 서기관들은 한낱 인간이 하나님의 권한인 죄 사함을 선포할 수 없다고 생각했습니다. 예수님께서는 그들의 속마음을 읽고 다음과 같이 질문하셨습니다.

중풍 병자에게 네 죄 사함을 받았느니라 하는 말과 일어나 네 상을 가지고 걸어가라 하는 말 중에서 어느 것이 쉽겠느냐
(막 2:9)

여러분은 어느 것이 더 쉽게 느껴지십니까? 만약 중풍 병자가 우리 앞에 있다면 그에게 "당신의 죄가 용서받았습니다"라는 말과 "당신의 병이 나았으니 일어나세요"라는 말 중 어느 말을 할 수 있습니까? 사실 우리는 어느 말도 할 수 없습니다. 죄를 사해줄 수 있는 권세도 병을 고쳐줄 수 있는 능력도 없기 때문입니다. 마찬가지로 서기관들도 답변할 수 없었습니다. 그러자 예수님께서는 다음과 같이 말씀하셨습니다.

인자가 땅에서 죄를 사하는 권세가 있는 줄을 너희로 알게 하려 하노라 (막 2:10a)

그리고는 중풍 병자에게 일어나서 들것을 가지고 집으로 돌아가라고 하셨습니다. 그러자 놀랍게도 꼼짝도 못 했던 중풍 병자가 일어나는 것이었습니다. 그리고 예수님의 말씀대로 자신이 누워있던 들것을 들고 사람들을 헤치고 밖으로 나갔습니다. 그곳에 있던 사람들은 깜짝 놀라 하나님께 영광을 돌렸습니다. 그렇게 상황은 일단락됩니다.

그런데 예수님께서는 왜 중풍 병자를 바로 고쳐주시지 않고 죄 사함의 선포를 먼저 하셨을까요? 많은 사람은 예수님께서 병을 고쳐주시고 귀신을 쫓아주시는 분이기에 따랐습니다. 어떤 사람들은 빵으로 먹여주실 수 있는 분이기 때문에 따랐습니다. 요한복음을 보면 오병이어의 기적을 경험한 사람들은 예수님을 임금으로 모시려고 했습니다. 예수님께서는 유대인의 왕을 넘어 이 세상의 왕이십니다. 따라서 사람들의 뜻에 따라 왕으로 추대되어도 마땅합니다. 그러나 이상하게도 사람들을 피해 혼자 산으로 떠나 버리십니다. 예수님께서는 그 이유를 다음과 같이 말씀하셨습니다. "너희가 나를 찾는 것은 표적을 본 까닭이 아니요 떡을 먹고 배부른 까닭이로다"(요 6:26b). 예수님께서 표적을 본 까닭이 아니라고 하신 말씀은 오병이어 사건을 통해 예수님께서 누구신지 바르게 깨닫지 못했다는 의미입니다. 사람들이 예수님을 왕으로 세우려고 한 이유는 먹는 문제를 해결해주실 수 있는 능력을 보았기 때문입니다.

예수님께서는 불쌍한 사람들의 여러 문제를 해결해주셨습니다. 그래서 사람들은 문제를 해결 받기 위해 예수님을 따랐습니다. 그러나 그들은 정작 중요한 점을 몰랐습니다. 예수님께서는 그 중요한 점을 알려주시기 위해 중풍 병자를 바로 치유해주지 않으신 것입니다. 예수님께서 이 땅에 오신 궁극적인 목적은 인간의 죄 문제를 해결하기 위함입니다. 이 사실을 가르쳐주시기 위해 중풍 병자에게 죄 사함의 선포를 먼저 하셨습니다. 그리고 나서야 병을 고쳐주셨습니다. 우선순위가 무엇인지 알려주신 것입니다.

그렇다면 왜 그곳에 있는 사람들에게 죄 사함의 선포와 치유의 선포 중 무엇이 쉬운지 물어보셨을까요? 그 이유는 다음과 같습니다. 우리는 죄 사함의 선포도 병 고침의 선언도 할 수 없습니다. 그러나 예수님께서는 병을 고쳐주셨듯이 죄를 사하는 권세도 가지고 계신 분입니다. 병을 고쳐주신 능력으로 죄 사함의 권세를 가진 분이라는 사실이 증명된 것입니다.

오늘날에도 마가복음의 본문처럼 많은 사람이 예수님을 따릅니다. 사람들이 예수님을 따르는 목적은 다양합니다. 어떤 사람들은 질병의 문제를 해결하거나 삶의 안녕을 위해, 어떤 이들은 출세나 사업의 번영을 위해 예수님을 따릅니다. 이처럼 자신이 원하는 것을 초월적인 능력으로 얻고자 신앙을 이용하는 경우가 있습니다. 그러다가 자신의 현실 문제가 기대만큼 해결되지 않으면 예수님을 떠나기도 합니다. 많은 신자가 죄 사함의 은혜가 얼마나 값진 것인지 모른 체 현실의 문제에 골몰합니다. 그러나 예수님의 가장 큰 관심은 우리 인생의 문제 해결에 있지 않습니다. 죄의 문제를 해결하지 못하면 우리는 비참한 최후를 맞이할 수밖에 없습니다. 예수님께서는 우리 삶의 문제들과는 비교되지 않을 만큼 중요한 생명을 주시기 위해 오셨습니다.

우리는 자기 자신에게 질문해보아야 합니다. 당신은 왜 예수님을 따르십니까? 예수님께서는 사람들이 오해하여 본질에서 벗어난 목적으로 따르는 것을 원치 않으셨습니다. 그래서 자신이 행한 일을 알리지 말라고 경고하신 것입니다. 그리고 개인적인 욕망을 이루려는 사람들을 피하셨습니다. 우리는 이 사건을 통해 예수님의 뜻을 분명히 알 수 있습니다. 예수님을 따르는 핵심은 바로 죄 사함의 은혜가 그분께 있기 때문입니다.

1. 다음 중 예수님을 찾아온 이유가 다른 하나는?

① 사람들이 한 중풍병자를 네 사람에게 메워 가지고 예수께로 올새 (막 2:3).

② 그 온 지방으로 달려 돌아 다니며 예수께서 어디 계시다는 말을 듣는 대로 병든 자를 침상째로 메고 나아오니(막 6:55).

③ 한 마을에 들어가시니 나병환자 열 명이 예수를 만나 멀리 서서 소리를 높여 이르되 예수 선생님이여 우리를 불쌍히 여기소서 하거늘 (눅 17:12~13).

④ 그 중의 한 사람이 자기가 나은 것을 보고 큰 소리로 하나님께 영광을 돌리며 돌아와 예수의 발 아래에 엎드리어 감사하니 (눅 17:15~16a).

2. 지붕에서 내린 중풍 병자 본문의 핵심 주제는?

① 병을 고칠 수 있다는 믿음

② 병을 고칠 수 있는 예수님의 능력

③ 죄를 사하는 권세가 있는 예수님

④ 사람들이 예수님을 따르는 이유

3. '메시아 비밀'에 대해 어떻게 생각하시나요? 그리고 이러한 가설이 나온 이유는 무엇일까요?

영상으로 시청하기

3. 하나님께서는 왜 요셉이 꿈꾸게 하셨을까?

창세기 37:5~11

오늘날 많은 사람이 성공하길 원합니다. 한국 교회의 지도자나 교인들도 신앙의 초점을 자신이나 자녀의 성공을 위해 맞추는 경우가 많습니다. 성공을 위해 신앙을 갖는 사람도 있고 자기 성공을 하나님의 공로로 돌리는 게 좋은 신앙이라고 생각하기도 합니다. 사람마다 성공의 기준이 다르겠지만 대개 결론은 부자가 되는 것입니다. 그 경제력으로 하나님을 위한 사업을 하겠다고 선한 동기를 내세우기도 합니다.

성공을 추구하는 신앙의 근거는 높은 지위를 얻은 성경 인물들입니다. 그중 빠지지 않고 언급되는 인물로 창세기의 요셉이 있습니다. 요셉은 여러 어려움이 있었지만, 역경을 극복하고 결국 큰 나라의 총리가 되었습니다. 요셉에 관한 본문은 신앙인의 감동적인 성공 이야기로 보입니다. 정말로 성경은 요셉을 신앙인이 추구해야 할 모델로 제시하는 것일까요? 요셉의 일생을 살펴보며 본문이 우리에게 전하는 메시지가 무엇인지 알아보겠습니다.

요셉은 야곱의 열두 아들 중 11번째로 태어났습니다. 야곱이 가장 아꼈던 아내 라헬을 통해 힘들게 얻은 아들입니다. 그래서 야곱은 자식 중에 요셉을 특별히 더 사랑했습니다. 그로 인해 형들은 요셉을 시기했습니다. 그러던 중 재미있는 일이 발생합니다. 요셉은 형제들의 곡식 단이 자기 곡식 단에 절하는 이상한 꿈을 꾸었습니다. 그리고 얼마 후 해와 달과 별 11개가 자신에게 절하는 비슷한 꿈을 또 꾸었습니다. 형들은 그 꿈 이야기를 듣고 "네가 우리의 왕이 되겠구나"라며 빈정거렸습니다. 눈치 없는 요셉은 이 사건을 계기로 더욱 형들의 눈 밖에 나고 말았습니다. 형들은 요셉을 시기하여 지나가던 상인들에게 노예로 팔아버렸습니다.

요셉은 이집트에 팔려가 권세 있는 집안에서 일했습니다. 그러던 중 주인의 아내가 그를 유혹했습니다. 요셉은 그 유혹을 뿌리쳤지만, 누명을 쓰고 감옥에 갇히고 말았습니다. 그는 감옥에서 기약 없는 하루하루를 보내고 있었습니다. 그러던 어느 날 이집트의 왕 파라오는 의미심장한 꿈을 꾸었습니다. 요셉은 그 꿈을 해석하고 미래를 준비할 대안을 제시해주었습니다. 요셉의 해석과 대안에 만족한 파라오는 그에게 이집트를 경영하는 중책을 맡겼습니다. 요셉이 큰 나라의 총리가 된 것입니다. 결국 요셉의 형들은 식량을 빌리기 위해 이집트의 총리가 된 요셉 앞에 엎드렸습니다. 어린 시절 꾸었던 꿈이 이루어진 것입니다.

적지 않은 사람들이 요셉 이야기를 보고 다음과 같이 이야기합니다.

"요셉을 보십시오. 요셉은 미래를 꿈꾸는 사람이었습니다. 그는 자신의 꿈대로 형제들에게 인정받는 자리에 섰습니다. 하나님을 믿고 어디에 있든지 열심히 생활하십시오. 그러면 하나님께서 결국은 위대한 사람으로 만들어 사용하십니다."

이처럼 사람들은 성경의 인물들에게서 신앙적인 모범을 찾으려고 합니다. 성경에 우리의 본보기가 되는 인물이 분명히 있습니다. 그러나 성경의 진짜 주인공은 등장인물들이 아닙니다. 우리는 성경을 볼 때 표면화된 스토리 이면에 계신 하나님을 바라봐야 합니다. 성경의 실제적인 주인공은 등장인물들을 통해 역사를 이끌어 가시는 하나님이십니다.

요셉이 꿈을 꾸었습니다. 그런데 그 꿈은 요셉이 꾸고 싶어서 꾼 꿈입니까? 아닙니다. 자신이 꾸고 싶은 꿈을 마음대로 꾸는 사람은 없습니다. 그냥 자신의 의지와 상관없이 꿈을 꾸게 되었습니다. 그리고 요셉은 그것이 무슨 의미인지도 모르고 살았습니다. 요셉이 그 꿈을 성취하기 위해 노력한 것이 무엇입니까? 꿈을 이루기 위해 노예임에도 열심히 일했습니까? 성경은 그렇게 말하지 않습니다. 오히려 하나님께서 요셉과 함께하시며 형통하게 하셨다고 말합니다: "여호와께서 요셉을 위하여 그 애굽 사람의 집에 복을 내리시므로"(창 39:5b). 요셉이 꿈을 이루기 위해 감옥에서 성실하게 일했습니까? 아니요. 성경은 그렇게 말하지 않습니다. 성경은 그 감옥에서조차 하나님께서 요셉을 돌보셨고 간수장에게 은혜를 받게 하셨다고 말합니다: "여호와께서 요셉과 함께 하시고 그에게 인자를 더하사 간수장에게 은혜를 받게 하시매"(창 39:21). 요셉이 자신의 꿈을 이루기 위해 술 맡은 관리와 떡 굽는 관리에게 궁중 생활과 정치를 배웠습니까? 아닙니다. 성경에는 그런 이야기가 없습니다. 요셉은 감옥을 빠져나가고 싶어서 술 맡은 관리에게 희망을 걸었지만, 오히려 좌절하고 말았습니다.

하나님께서는 우리가 이해할 수 없는 상황 가운데 요셉을 두셨습니다. 그 이유는 창세기 45:7~8에 드러납니다. 요셉은 양식을 구하기 위해 찾아와 자기 앞에 엎드린 형들을 보고 깨달았습니다. 오래전에 꾸었던 꿈이 이루어졌다는 것을요. 요셉은 이 모든 일을 하나님께서 이루셨다는 사실을 알았습니다. 그래서 오랜만에 만난 형들에게 자신이 동생 요셉임을 밝히고 다음과 같이 말합니다.

7 하나님이 큰 구원으로 당신들의 생명을 보존하고 당신들의 후손을 세상에 두시려고 나를 당신들보다 먼저 보내셨나니
8 그런즉 나를 이리로 보낸 이는 당신들이 아니요 하나님이시라 하나님이 나를 바로에게 아버지로 삼으시고 그 온 집의 주로 삼으시며 애굽 온 땅의 통치자로 삼으셨나이다
(창 45:7~8)

만약 어린 시절에 곡식단과 해달별이 절하는 꿈을 꾸지 않

았다면 요셉은 자기가 잘해서 총리가 되었다고 생각했을 것입니다. 아니면 우연히 이렇게 되었다고 생각했을 수도 있습니다. 그렇기에 하나님께서는 이런 오해를 막고 역사의 주관자가 누구인지 알려주시려고 미리 꿈을 꾸도록 하신 것입니다. 그리고 요셉이 겪은 인생의 낮아짐 또한 마찬가지 이유입니다. 요셉이 잘해서 총리가 된 게 아니라 하나님께서 세우셨음을 알도록 하신 것입니다. 그래서 노예로 낮추시고 죄수로 더욱 낮추셨습니다. 이런 현실에서 요셉에게 이집트의 총리가 될 수 있는 어떤 가치나 가능성을 발견할 수 있습니까? 아니요. 전혀 없습니다.

하나님께서는 자신이 역사의 주인이심을 알려주시기 위해 요셉에게 미래에 있을 일에 대한 꿈을 꾸게 하셨습니다. 그리고 그런 하나님의 위대하심을 알려주기 위해 요셉의 이야기가 성경에 기록되었습니다. 이런 거대한 진리 앞에서 총리가 된 요셉의 성공에 초점을 맞춘다면 그것은 세속적인 욕망으로 진실을 보지 못하는 것입니다. 우리는 성경에 등장하는 인물들 뒤에서 역사를 이끌어 가시는 하나님의 경륜을 바라보아야 합니다.

대개 요셉의 분량이 많기에 창세기에서 요셉 이야기를 하나의 단락으로 구분합니다. 그러나 창세기 전체 구조에서 요셉 이야기는 야곱의 이야기에 종속됩니다. 하나님께서 자신이 역사의 주권자라고 요셉의 인생을 통해 강조하신 이유는 사실은 야곱 때문이었습니다. 하나님께서는 야곱이 태어나기도 전에 그가 언약의 계승자라고 미리 말씀하셨습니다: "여호와께서 그에게 이르시되 두 국민이 네 태중에 있구나 두 민족이 네 복중에서부터 나누이리라 이 족속이 저 족속보다 강하겠고 큰 자가 어린 자를 섬기리라 하셨더라"(창 25:23). 그러나 야곱은 하나님의 뜻을 모르고 상속권을 얻기 위한 인생을 살았습니다.

야곱은 말년에 하나님의 뜻을 깨달았습니다. 자기 인생의 주인이 하나님이심을 인정했습니다. 그 사실을 알 수 있는 내용이 손주인 요셉의 두 아들에게 손을 엇갈려 축복한 것입니다. 그리고 그는 죽음이 얼마 남지 않자 놀라운 행동을 하나 합니다. 그것은 요셉에게 절을 한 것입니다. 그 내용은 창세기 47:31입니다.

야곱이 또 이르되 내게 맹세하라 하매 그가 맹세하니 이스라엘이 침상 머리에서 하나님께 경배하니라
(창 47:31)

הטמה	אר־לעש	ישראל	וישתחו
침대	머리 위에서	이스라엘	그리고 그는 절했다

여기에서 "이스라엘"은 하나님께서 바꾸어주신 야곱의 이름입니다. 〈개역개정〉 성경에는 "이스라엘이 침상 머리에서 하나님께 경배하니라"라고 번역되었습니다. 그러나 이 부분의 히브리어 원문을 보면 이스라엘이 경배한 대상인 '하나님께'라는 단어가 없습니다. 단지 이스라엘이 침대 머리에서 절했다고 기록되어 있습니다.

〈개역개정〉 번역자들은 야곱이 절한 대상을 하나님이라고 지목하였습니다. 야곱이 절하는 예를 표현했기에 그 대상을 하나님이라고 생각한 것입니다. 그러나 침상 머리라는 구체적인 상황 묘사를 보아 야곱이 앞에 있는 요셉에게 절했다고 보는 것이 자연스럽습니다.

야곱은 요셉이 어린 시절에 꾸었던 해와 달과 열한 별이 요셉에게 절한 꿈을 기억하고 있었습니다. 성경에 그 복선이 기록되어 있습니다: "그의 아버지는 그 말을 간직해 두었더라"(창 37:11b). 야곱은 요셉이 어린 시절에 꾸었던 꿈을 통해 이 모든 일을 하나님께서 인도하셨음을 인정했습니다. 그래서 그 꿈이 성취되도록 해로 상징된 자신이 요셉에게 절했던 것입니다.

이처럼 하나님께서는 야곱의 진정한 신앙을 위해 경륜을 이루어 가십니다. 그리고 그 경륜 안에서 하나님의 위대하심에 감복하여 엎드리는 우리가 있을 뿐입니다. 우리가 세상에서 성공해서 하나님께 돌려드릴 영광은 없습니다.

1. 다음 중 주체가 다른 하나는?

① 요셉의 꿈

② 바로의 꿈

③ 이집트와 인근 지역의 기근

④ 요셉이 노예로 팔림

2. 요셉 이야기의 주제는?

① 하나님은 역사의 주관자이시다.

② 언약의 계승자는 하나님께서 정하신다.

③ 범죄 하지 않고 주어진 환경에서 최선을 다하면 하나님께서 크게 사용하신다.

④ 하나님께 은혜를 구하며 주어진 환경에서 최선을 다하면 꿈이 이루어진다.

3. 다음 중 가장 닮고 싶은 성경 인물은?

① 요셉   ② 다니엘   ③ 느헤미야   ④ 다윗   ⑤ 베드로

영상으로 시청하기

4. 벧엘의 늙은 선지자는 왜 하나님의 사람을 속였을까?

열왕기상 13장에는 이해하기 힘든 사건이 있습니다. 한 나이 많은 선지자가 사역을 잘 마치고 돌아오는 하나님의 사람을 속여 죽게 만든 사건입니다. 본문은 그 늙은 선지자가 왜 하나님의 사람에게 거짓말을 했는지 설명해주지 않습니다. 그리고 죽임당한 하나님의 사람은 큰 잘못을 지은 것도 아니었습니다. 거짓말에 속아서 단지 식사했을 뿐입니다. 그런데 그 일로 하나님께서 자신에게 충성했던 사람을 죽이신 이유도 납득하기 어렵습니다. 이 사건에 담긴 하나님의 뜻을 생각해보겠습니다.

먼저 본문의 배경을 소개하겠습니다. 솔로몬은 말년에 여호와 하나님을 배반하고 다른 신들을 섬겼습니다. 그러자 하나님께서 이스라엘을 나누어 일부를 솔로몬의 신하 중 한 명에게 주셨습니다. 그 신하는 여로보암으로 이스라엘의 북부 10지파를 다스렸습니다.

여로보암은 이스라엘 북부의 왕이 되었지만 한 가지 걱정이 있었습니다. 성전이 남부 지역인 예루살렘에 있었기 때문에 각종 절기나 제사를 위해 북부 백성들이 왕래해야만 했습니다. 그러다 보면 북부 백성들의 마음이 변해 자신을 배신할

지도 모를 일이었습니다. 그래서 여로보암은 통치지역의 최북단과 최남단에 우상을 세우고 우리의 하나님이라고 가르쳤습니다. 또한 곳곳에 산당을 짓고 그곳에서 제사하도록 했습니다. 게다가 자격이 없는 사람들에게 제사장 직분을 주었고 절기도 임의로 바꾸었습니다. 제단, 제사장, 절기 등 종교적인 구색을 갖추었지만 모두 하나님께서 주신 계명과 달랐습니다.

이러한 상황에 우리가 살펴보고자 하는 열왕기상 13장이 시작합니다. 하나님께서는 남부 유다의 한 사람을 벧엘로 보내셨습니다. 때마침 여로보암은 벧엘에서 제사하고 있었습니다. 하나님께서 보내신 사람은 이후에 요시야라는 다윗의 후손을 통한 제단과 산당 제사장들의 심판을 예언했습니다. 그때 특이한 일이 발생했습니다. 그의 예고처럼 벧엘의 제단이 갈라져 그 안에 있던 재가 쏟아져 나왔습니다. 그리고 하나님의 사람을 잡으라고 명령한 여로보암의 손에 마비가 왔습니다.[4] 여로보암의 부탁으로 하나님의 사람이 기도하자 손의 마비가 풀렸습니다. 예사롭지 않은 사건을 경험한 여로보암은 그에게 예물을 주어 회유하려 했습니다. 그러나 하나님께서는 그 사람을 보내실 때 두 가지 주의사항을 주셨습니다.

---

4) "여로보암 왕은, 하나님의 사람이 베델에 있는 제단 쪽에 대고 외치는 말을 듣고, 제단 위로 손을 내밀면서 "저 자를 잡아라" 하고 소리를 쳤다. 그러자 그 사람에게 내어 뻗은 여로보암의 손이 마비되어서, 다시 오므릴 수 없었다."(왕상 13:4 새번역).

'첫째, 음식을 먹거나 물도 마시지 말라. 둘째, 벧엘로 왔던 같은 길로 되돌아가지 말라.' 그래서 하나님의 사람은 여로보암의 제안을 거절하고 바로 자기 집으로 출발했습니다.

당시 벧엘에 나이 많은 선지자가 한 명 살고 있었습니다. 그는 벧엘 제단에서 있었던 사건을 전해 듣고 하나님의 사람을 쫓아갔습니다. 그리고는 하나님의 사람을 자기 집으로 초대했습니다. 당연히 하나님의 사람은 그 초대를 거절했습니다. 그러자 그 나이 많은 선지자는 자신도 선지자라고 밝히고 '하나님께서 당신을 대접하라고 하셨다'고 거짓말을 했습니다. 하나님의 사람은 그 말을 믿고 따라가 함께 식사합니다. 그때 여호와의 말씀이 임하셔서 나이많은 선지자는 하나님의 사람에게 명령을 지키지 않았다는 하나님의 책망을 전합니다. 식사를 마치고 집으로 돌아가던 하나님의 사람은 결국 사자의 공격을 받아 죽고 맙니다. 그 소식을 전해 들은 나이 많은 선지자는 그의 시체를 찾아와 장례를 치러줍니다. 그리고 자신이 죽으면 뼈를 그 사람의 뼈와 함께 묘실에 보관해달라고 지시합니다.

여기까지 본문의 사건을 살펴보았습니다. 먼저 하나님께서는 왜 하나님의 사람에게 떡과 물도 먹지 말고 왔던 길로 되돌아가지 말라고 하셨는지 생각해보겠습니다.

이는 곧 여호와의 말씀이 내게 명령하여 이르시기를 떡도 먹지 말며 물도 마시지 말고 왔던 길로 되돌아가지 말라 하셨음이니이다 하고
(왕상 13:9)

　이에 대해 이스라엘에서 함께 식사하는 것은 굉장히 친한 관계를 의미하므로 잘못된 신앙을 가진 북부 사람들과 어울려 함께 타락하지 않도록 한 조치라는 견해가 있습니다. 하지만 그렇다면 "왔던 길로 되돌아가지 말라"는 명령과는 별로 상관이 없어 보입니다. 그리고 물 한 잔 마신다고 타락한다는 것도 조금 억지스럽습니다.

　'떡과 물을 먹지 말라'는 할 일을 한 후 지체하지 말고 신속히 돌아오라는 의미이고 "왔던 길로 되돌아가지 말라"는 추적당하지 않게 조심해서 움직이라는 의미로 보입니다. 이는 벧엘 제단은 심판 외에 다른 협상이나 대안이 없음을 의미합니다. 즉 하나님께서는 여로보암의 잘못에 대해 단호한 입장이십니다. 실제로 여로보암은 하나님의 사람을 달래어 그의 예언에 변수를 만들어보려 했습니다. 그러나 하나님의 사람은 지시사항이 있었기에 단호하게 거절할 수 있었습니다.

　여로보암으로 인해 북이스라엘은 하나님을 엉뚱하게 섬겼습니다. 그들은 하나님을 섬긴다고 믿었지만, 그 실체는 우상숭배였습니다. 이는 북이스라엘의 존폐와 직결되는 매우 심각한 상황입니다. 그렇기에 하나님께서는 벧엘 제단의 심판 예언으로 경고하셨습니다. 북이스라엘이 사는 방법은 우상과

잘못된 제단들을 제거하고 성전 제사를 회복하는 길밖에 없었습니다. 전적인 돌이킴 외에는 다른 방법이 없는 엄중한 사안입니다.

그에 비하면 하나님의 사람이 한 잘못은 작은 불순종일 뿐이었습니다. 속아서 그리된 상황임에도 불구하고 하나님께서는 그를 엄벌하셨습니다. 사자가 시체를 훼손하지 않고 나귀도 도망가지 않고 함께 있었던 비상식적인 상황은 하나님께서 하신 일임을 분명히 알려줍니다. 열왕기상 13장에는 "여호와의 말씀"이라는 표현이 상당히 많이 언급됩니다. 속았음에도 불구하고 "여호와의 말씀"에 불순종하자 사자가 돌격해 죽여버리고 말았습니다. 이를 비교하여 "여호와의 말씀"을 어긴 여로보암의 죄의 무게를 강조하신 것입니다. 텍스트로 드러나지 않지만, 본문에는 엄청난 하나님의 분노가 담겨 있습니다.

물론 여로보암의 죄의 심각성을 알려주시기 위해 하나님의 사람의 작은 불순종을 엄하게 벌하신 점은 한 개인으로서는 억울할 수 있습니다. 여기에서 생각해볼 점이 하나 있습니다. 본문은 하나님의 사람의 이름을 알려주지 않았습니다. 그는 단지 하나님의 사람으로 기록되었습니다. 그는 하나님의 종이었습니다. 그래서 그는 이름으로 소개되지 않고 "하나님의 사람"이라는 소속으로 소개된 것입니다. 하나님의 사람이기에 하나님께서 생명을 취하실 수 있습니다.

그의 죽음을 통해 하나님의 진노가 분명하게 전해졌습니다. 그런데도 여로보암은 죄악을 바로 잡지 않았습니다. 본문은 그 죄의 결과를 알려주며 사건을 일단락 짓습니다.

33 여로보암이 이 일 후에도 그의 악한 길에서 떠나 돌이키지 아니하고 다시 일반 백성을 산당의 제사장으로 삼되 누구든지 자원하면 그 사람을 산당의 제사장으로 삼았으므로
34 이 일이 여로보암 집에 죄가 되어 그 집이 땅 위에서 끊어져 멸망하게 되니라
(왕상 13:33~34)

한편 벧엘의 늙은 선지자는 하나님의 사람이 참 선지자인지 거짓 선지자인지 분명하게 알지 못했습니다. 그래서 그 엄청난 예언의 진위를 확인하고자 그를 찾아갔습니다. 그리고 그가 받은 금지조항을 굳이 어기도록 속였습니다. 진짜 하나님의 사람이라면 자신의 거짓말을 분별하리라고 생각했을 것입니다. 그러나 하나님의 사람을 늙은 선지자에게 속아 하나님의 명령을 어겼습니다. 이후 늙은 선지자를 통해 선포된 하나님의 말씀이 실제로 발생했습니다.

그 사람을 길에서 데리고 돌아간 선지자가 듣고 말하되 이는 여호와의 말씀을 어긴 하나님의 사람이로다 여호와께서 그에게 하신 말씀과 같이 여호와께서 그를 사자에게 넘기시매 사자가 그를 찢어 죽였도다 하고
(왕상 13:26)

그의 죽음 이후 비상식적인 상황은 하나님께서 행하신 일임이 분명했습니다. 벧엘의 늙은 선지자는 죽은 하나님의 사람이 진짜였음을 알게 되었습니다. 그래서 그가 예언했던 벧엘 제단의 심판 예언을 확신하여 선포한 것입니다.

그가 여호와의 말씀으로 벧엘에 있는 제단을 향하고 또 사마리아 성읍들에 있는 모든 산당을 향하여 외쳐 말한 것이 반드시 이룰 것임이니라
(왕상 13:32)

열왕기상 13장에는 여로보암에게 속아 하나님의 말씀에 불순종한 백성들과 늙은 선지자에게 속아 하나님의 말씀에 불순종한 하나님의 사람이 대비되어 있습니다. 이에 따르면 인간 지도자에게 속아 하나님께 불순종했다고 하더라도 죄의 책임을 감당해야 함을 알려줍니다. 그렇기에 하나님의 말씀을 정확하게 알고 순종해야 한다는 메시지가 담겨 있습니다. 하나님의 말씀에 관심이 없어 이단이나 교회의 거짓된 지도자에게 속아 헛되게 하나님을 섬긴다면 비록 속았다고 할지라도 책임이 없지는 않습니다.

1. 다음 중 열왕기상 13장에 가장 많이 기록된 용어 2개는?

① 하나님의 사람

② 여호와의 말씀

③ 여로보암

④ 늙은 선지자

2. 하나님께서는 왜 굳이 남부 유다에서 선지자를 부르셨을까요?

① 북부 이스라엘에서는 부를만한 사역자가 없었기 때문에 유다에서 부르셨다.

② 예수 그리스도의 예표로 삼기 위해 유다 지파 출신을 부르셨다.

③ 북부의 왕인 여로보암에게 영향을 받지 않아야 하기에 남부 유다 사람을 부르셨다.

④ 이스라엘의 권력이 남북으로 나뉘었지만, 하나님의 통치안에서는 한 나라임을 알도록 남부 사역자를 부르셨다.

3. 벧엘의 늙은 선지자는 왜 하나님의 사람을 속였을까요?

(왕상 13:18)

① 하나님의 중책을 맡았기에 시기해서 속였다.

② 자신이 속한 벧엘의 제단과 산당의 심판을 예언했기에 복수했다.

③ 하나님의 사람이 진짜인지 가짜인지 알기 위해 시험해보았다.

④ 여호와 말씀의 엄중함을 드러내기 위해서 시험했다.

4. 열왕기상 13장에 제목으로 적절한 것은?

① 진짜와 가짜를 구별하라

② 하나님의 말씀을 끝까지 순종하라

③ 북이스라엘의 잘못된 출발

④ 북이스라엘의 죄에 대한 하나님의 진노

영상으로 시청하기

제4장 성경 읽기의 깊이 더하기: 원문을 고려하여 읽기 ―

제4장 성경 읽기의 깊이 더하기: 원문을 고려하여 읽기

구약성경은 고대 히브리어로 신약성경은 고대 그리스어로 기록되어 전해졌습니다. 우리는 그 성경을 번역한 성경을 가지고 있습니다. 번역은 상당히 까다로운 작업입니다. 같은 언어라도 시대에 따라 어휘가 다르고 사회와 문화에 따라 사물을 받아들이는 개념이 다릅니다. 간혹 번역자의 신학적 선입견이 반영되기도 하고 어쩔 수 없는 번역의 한계도 존재합니다. 그렇기에 번역된 성경을 존중하면서도 완전하다고 단정해서는 곤란합니다. 그러므로 한 번역서에 의존하기보다 다양한 좋은 번역서를 비교하여 보는 방법이 본문을 이해하는 데 도움이 됩니다. 한편 성경 교사와 학자들은 성경 원문과 번역의 간극을 줄이도록 연구하고 교회에 설명해주어야 할 것입니다. 이 장에서는 원어를 살펴볼 필요가 있는 본문을 소개하겠습니다.

1. 선악과를 먹는다는 의미는?

창세기 2:17

하나님께서는 에덴동산에 선악을 알게 하는 나무를 두셨습니다. 어떤 사람들은 하나님께서 선악을 알게 하는 나무를 만드시지 않았으면 좋았겠다고 합니다. 그 나무가 없었다면 아담과 하와가 에덴동산에서 추방당하지 않았을 것이기 때문입니다. 이 나무에 대해 크게 두 가지 궁금한 점이 있습니다. 첫째, 왜 선악을 알게 하는 나무를 두셨을까? 둘째, 선악을 알게 하는 나무의 열매를 먹는다는 의미는 무엇일까? 유명한 두 질문에 답을 구해보고자 합니다.

첫 번째로 하나님께서 선악을 알게 하는 나무를 두신 이유를 생각해보겠습니다. 사도 바울은 로마서에서 아담은 순종하지 않았다고 지적하고 반면 그리스도께서는 순종하셨다고 설명합니다: "한 사람이 순종하지 아니함으로 많은 사람이 죄인 된 것 같이 한 사람이 순종하심으로 많은 사람이 의인이 되리라"(롬 5:19). 여기에서 알 수 있듯 선악을 알게 하는 나무의 열매를 먹은 사건의 핵심은 불순종입니다. 순종과 불순종은 한 인격의 자유를 전제로 한 개념입니다. 그래서 다음과 같은 견해가 널리 받아들여집니다. '하나님께서는 인간을 애완동물처럼 구속하지 않으셨다. 인간은 하나님께 순종할 수도 그렇지 않을 수도 있는 자유가 있었다. 선악을 알게 하는 나무는 자유로운 선택권의 지표이다.' 저는 이와 같은 입장에 동의합니다.

다만 다음과 같은 오해가 있기에 조금 더 추가설명이 필요하다고 생각합니다. '하나님께서는 순종과 불순종의 여부를 확인하기 위해 어떤 계명이 필요하셨다. 그래서 한 나무를 지정하시고 그 열매를 먹지 말라는 계명을 주신 것이다. 그렇기에 그 나무가 어떤 나무인지는 크게 중요하지 않다.' 그러나그 나무가 어떤 나무든지 상관없다거나 다른 계명을 주실 수도 있었다는 생각은 적절하지 않습니다. "선악을 알게 하는나무"는 고유명사가 아닙니다. 그 이름이 열매의 본질을 설명하고 있습니다. 하나님께서 인간에게 신앙의 자유를 주시는기준이 선악을 알게 하는 나무여야만 하는 이유가 있다고 보아야 합니다. 그 이유는 두 번째 질문으로 이어집니다.

두 번째로 선악을 알게 하는 나무의 열매를 먹는다는 의미를 생각해보겠습니다. 창세기 2:17의 "선악을 알게 하는 나무"는 직역하면 '선과 악의 지식 나무'(עץ הדעת טוב ורע)정도입니다.

ורע	טוב	הדעת	עץ
그리고 악	선	그 지식	나무

그런데 하나님께서 그 열매를 먹은 인간에게 선과 악을 알게 되었다고 말씀하셨습니다: "여호와 하나님이 이르시되 보라 이 사람이 선악을 아는 일에(לדעת טוב ורע) 우리 중 하나같이 되었으니"(창 3:22a).

ורע	טוב	לדעת
그리고 악	선	아는 일에

　그래서 〈개역개정〉 번역자들은 창세기 2:17을 "선악을 알게 하는 나무"로 번역한 것 같습니다. 그렇다면 '선과 악을 안다'라는 건 무슨 의미일까요? 이 나무의 이름에 대해서 살펴볼 가치가 있는 뜻이 몇몇 있지만 정황상 추측인 경우가 대부분입니다. 그런데 '선과 악을 안다'라는 표현이 성경에 한 번 더 언급됩니다. 그것은 신명기 1:39입니다.

또 너희가 사로잡히리라 하던 너희의 아이들과 당시에 선악을 분별하지 못하던(לא-ידעו היום טוב ורע) 너희의 자녀들도 그리로 들어갈 것이라 내가 그 땅을 그들에게 주어 산업이 되게 하리라
(신 1:39)

　출애굽 이후 광야에서 이스라엘 백성들은 정탐꾼의 보고를 듣고 이집트로 돌아가려고 합니다. 그때 하나님께서는 자신을 신뢰하지 않은 성인들에게 책임을 물어 약속하신 땅에 들어갈 수 없다고 하셨습니다. 그러나 그들의 자녀들은 부모의 결정에 대한 책임이 없기에 약속하신 땅을 기업으로 주시겠다고 하셨습니다. 이러한 내용 중 신명기 1:39을 보면 하나님께서는 어린 자녀들에게 "당시에 선악을 분별하지 못하

던"이라고 말씀하셨습니다. 이 표현은 한글 번역으로는 다르지만, 원문을 보면 창세기 3:22의 "선악을 아는 일에"와 같은 단어를 사용했습니다.

신 1:39	ורע	טוב	היום	לא־ידעו
	그리고 악	선	그날	그들은 알지 못했다
창 3:22	ורע	טוב		לדעת
	그리고 악	선		아는 일에

"분별하지 못하던"으로 번역된 '로 야레우'(לֹא־יָדְעוּ)와 "아는 일에"로 번역된 '라다아트'(לָדַעַת)는 달라 보이지만 원형이 '야다'(יָדַע)로 같은 동사입니다. '야다'(יָדַע)의 뜻은 '알다'입니다. 신명기 1:39을 통해 '선과 악을 안다'라는 표현이 옳고 그름을 판단하는 것임을 알 수 있습니다. 그리고 옳고 그름의 판단에 대해서는 책임이 뒤따름을 알 수 있습니다. 여기까지 "선악을 아는 일"의 뜻을 알아보았습니다.

하나님께서는 세상에 질서를 부여하신 창조주로서 선과 악에 대한 지식 즉 온전한 선악의 판단력을 가진 분이십니다. 그런데 뱀은 선악을 알게 하는 나무의 과실을 먹으면 하나님처럼 될 수 있다고 했습니다. 첫 사람은 그 과실을 먹음으로써 선악의 판단을 자기가 내리겠다고 의지를 표현한 것입니다. 이는 단순히 하나님의 계명을 어긴 것이 아닙니다. 가치 판단을 내리는 왕이 되고자 한 것입니다. 그래서 첫 사람은 본인의 선악에 대한 책임을 스스로 감당해야 했습니다. 이는 왕이 없었던 사사시대에 각자 자기가 옳다고 생각하는 대로 살아간 것과 비슷한 상황입니다: "그 때에 이스라엘에 왕이 없으므로 사람이 각기 자기 소견에 옳은 대로 행하였더라"(삿 21:25).

1. '선악을 아는 일'의 의미는? (창 3:22)

① 선악을 인식하는 것

② 선악을 깨닫는 것

③ 선악을 행하는 것

④ 선악을 판단하는 것

2. 선악을 알게 하는 나무의 열매를 먹으면 죽는 이유는? (창 2:17)

① 그 열매를 먹으면 죽는다는 것 자체가 계명이기 때문에

② 하나님을 왕으로 인정하지 않는 것이므로 징계로 죽음을 주셨다.

③ 불순종이라는 죄로 거룩한 하나님과 단절되었기에, 그러한 상태가 곧 죽음이다.

④ 선악의 책임을 감당해야 하는데 결국 악을 행하여 심판받을 것이기에

3. '너희 눈이 밝아져 하나님과 같이 되어 선악을 알게 된다'는 뱀의 말은 무슨 의미인가요? (창 3:5)

① 하나님처럼 선악의 기준을 결정할 수 있게 된다.

② 하나님처럼 선악에 자유를 누릴 수 있다.

③ 하나님처럼 선악을 분별할 수 있게 된다.

④ 하나님처럼 선악을 판단할 수 있게 된다.

영상으로 시청하기

2. "만일 세 낸 것이면 세로 족하니라"는 무슨 의미인가요?

출애굽기 22:14~15

　　출애굽기 22장에는 다른 사람의 재산에 손해를 끼치면 어떻게 배상해야 하는지에 관한 내용이 있습니다. 그중 14~15절에 다음과 같은 내용이 있습니다. '만약 이웃에게 빌린 가축이 주인이 없는 동안 죽거나 다치면 빌려온 사람이 그 주인에게 배상해야 한다. 그러나 가축을 빌린 상태이지만 주인과 함께 돌보고 있었으면 배상할 책임이 없다.' 문제가 생긴 가축은 명의로는 빌린 상태이지만 실제로 공동책임 상태이기에 주인에게 과실이 있다는 판단입니다. 그런데 15절 후반부에 이해하기 힘든 내용이 있습니다. 문제가 생긴 가축이 만약 세금으로 낸 것이라면 세금으로 되었다고 합니다.

14 만일 이웃에게 빌려온 것(שאל)이 그 임자가 함께 있지 아니할 때에 상하거나 죽으면 반드시 배상하려니와
15 그 임자가 그것과 함께 있었으면 배상하지 아니할지니라 만일 세 낸 것(שכיר)이면 세(שכר)로 족하니라
(출 22:14~15)

　　〈개역개정〉 성경의 표현 그대로 받아들이면, 문제가 생긴 가축이 세금으로 낸 것이었다면 세금을 낸 것으로 인정하겠다는 의미로 보입니다. 그러나 빌려온 가축이 다치거나 죽었

을 때 책임 문제를 이야기하다가 갑자기 세금을 말하다니 이상합니다. 그리고 주인이 있는 상태에서 상한 가축에 면세 혜택을 주는 게 타당한지 의문이 듭니다.

15절의 "세 낸 것"으로 번역된 히브리어는 '사키르'(שָׂכִיר)입니다. '사키르'(שָׂכִיר)는 다른 본문에서 '고용된'[5]이나 '품꾼의'[6]로 번역되었습니다. 이처럼 '사키르'(שָׂכִיר)는 일꾼을 의미하는 단어입니다. 그리고 두 번째 "세"로 번역된 단어는 '사카르'(שָׂכָר)로 '사키르'(שָׂכִיר)와 어원이 같습니다. '사카르'(שָׂכָר)는 '품삯'[7]이나 '보수'[8]를 의미합니다. 따라서 15절은 세금에 관한 내용이 아닙니다. 문제가 생긴 가축이 일꾼의 보수로 정한 것이었다면 주인이 일꾼에게 다른 가축으로 임금을 주라는 의미입니다.

14절의 "빌려온 것"으로 번역된 히브리어는 '샤알'(שָׁאַל)입니다. '샤알'(שָׁאַל)은 '요구하다'[9]와 '질문하다'[10] 등의 의미로 사용되는 단어입니다. 따라서 "빌려온 것"보다 '요구한 것'이 더 적절하다고 생각합니다. 따라서 14~15절은 가축을

---

5) "자기 몸이 팔린 해로부터 희년까지를 그 산 자와 계산하여 그 연수를 따라서 그 몸의 값을 정할 때에 그 사람을 섬긴 날을 그 사람에게 고용된(שָׂכִיר) 날로 여길 것이라"(레 25:50).

6) "이 땅에 사는 인생에게 힘든 노동이 있지 아니하겠느냐 그의 날이 품꾼의(שָׂכִיר) 날과 같지 아니하겠느냐"(욥 7:1).

7) "또 이르되 네 품삯(שָׂכָר)을 정하라 내가 그것을 주리라"(창 30:28).

8) "너희와 너희의 권속이 어디서든지 이것을 먹을 수 있음은 이는 회막에서 일한 너희의 보수(שָׂכָר)임이니라"(민 18:31).

9) "이스라엘 자손이 모세의 말대로 하여 애굽 사람에게 은금 패물과 의복을 구하매(שָׁאַל)"(출 12:35).

10) "이에 다윗이 여호와께 묻자와(שָׁאַל) 이르되 내가 가서 이 블레셋 사람들을 치리이까 여호와께서 다윗에게 이르시되 가서 블레셋 사람들을 치고 그일라를 구원하라 하시니"(삼상 23:2).

빌려준 상황이 아니라 가축을 돌보는 일꾼을 고용했을 때 지급하는 보수에 관한 내용입니다.

출애굽기 22:14~15의 내용을 이해를 돕기 위해 풀어서 설명하면 다음과 같습니다. '어떤 사람이 이웃을 고용하여 자기 가축을 돌보게 했다. 주인 없이 고용된 사람이 전적으로 가축을 돌보다가 손해가 발생했으면 고용된 사람이 주인에게 배상해주어야 한다. 그러나 주인과 함께 가축을 돌본 경우에는 고용인이 배상할 책임은 없다. 만약 보수로 지급될 예정인 가축이 죽거나 다쳤다면 주인이 나 몰라라 하지 말고 다른 가축으로 보수를 지급하라.'

영상으로 시청하기

1. 출애굽기 22:14~15로 알 수 있는 것은?

① 주인 없이 일꾼에게 전적인 책임이 있더라도 주인이 손해를 감수해야 한다.

② 주인 없이 일꾼에게 전적인 책임이 있는 경우 일꾼이 책임져야 한다.

③ 주인과 일꾼이 함께 있을 때 일꾼의 몫에 문제가 생겼다면 일꾼이 감내해야 한다.

④ 주인과 일꾼이 함께 있을 때 일꾼의 몫에 문제가 생겼다면 주인이 보수를 챙겨주어야 한다.

2. 성경의 오역에 대해 어떻게 생각하시나요?

① 번역 성경일지라도 하나님께서 초월적인 능력으로 오역을 막으셨다.

② 오역이 있을 수 있으니 성경을 신뢰할 수 없다.

③ 오역 없는 특별한 번역 성경이 있다.

④ 세세한 부분에서 간혹 오역이 있을 수 있으나 전체적으로 일관된 진리가 훼손되진 않았다.

3. 번역 성경을 어떻게 이해하면 좋을까요?

① 완전한 번역본은 없기에 여러 번역본을 비교하며 읽는다.

② 각 번역본의 특징을 파악하려는 노력이 필요하다.

③ 교회가 공인한 번역과 개인적인 번역의 권위 차이를 고려한다.

④ 성경 히브리어와 그리스어를 배워서 원문을 읽는다.

3. "적게 심는 자는 적게 거두고 많이 심는 자는 많이 거둔다"는 무슨 의미인가요?

고린도후서 9:5~6

제가 아는 어떤 분은 전세금을 빼서 전액 헌금하고 교회 사택에 딸린 단칸방으로 들어갔습니다. 그녀는 "적게 심는 자는 적게 거두고 많이 심는 자는 많이 거둔다"라는 구절에 의지하여 그런 결정을 했습니다. 헌금한 교회는 무리하게 예배당 건물을 매입해서 상당한 채무에 시달리고 있었습니다. 아마도 그녀의 헌금은 은행 이자로 사용되었을 것입니다.

이것이 곧 적게 심는 자는 적게 거두고 많이 심는 자는 많이 거둔다 하는 말이로다
(고후 9:6)

과연 사도 바울은 헌금의 분량에 따라 보상이 다르다고 이야기한 것일까요? 이 구절이 무슨 의미인지 알아보겠습니다.

이전에 고린도 교회 성도들은 예루살렘 교회 성도들의 형편이 어렵다는 소식을 듣고 경제적으로 돕기로 약속했었습니다. 바울은 자신이 마게도냐 사람들과 고린도 교회에 도착하기 전에 미리 연보를 준비해두길 부탁합니다. 그러면서 "적게

심는 자는 적게 거두고 많이 심는 자는 많이 거둔다"라는 속
담과 같은 말을 인용합니다. 그리고 이어서 하나님께서 우리
에게 은혜를 넉넉하게 주실 수 있는 분이라고 합니다. 그래서
6절이 연보를 조금 하면 보상을 조금 받고 많이 하면 많이 보
상해 주신다는 의미로 들립니다.

5 그러므로 내가 이 형제들로 먼저 너희에게 가서 너희가 전에 약속한 연
보($\varepsilon\upsilon'\lambda o\gamma\iota\alpha$)를 미리 준비하게 하도록 권면하는 것이 필요한 줄 생각하
였노니 이렇게 준비하여야 참 연보($\varepsilon\upsilon'\lambda o\gamma\iota\alpha$)답고 억지가 아니니라
6 이것이 곧 적게 심는 자는 적게 거두고 많이($\varepsilon\upsilon'\lambda o\gamma\iota\alpha$) 심는 자는 많
이($\varepsilon\upsilon'\lambda o\gamma\iota\alpha$) 거둔다 하는 말이로다
(고후 9:5~6)

그런데 원문을 보면 5절의 "연보"와 6절의 "많이"가 '율로
기아'($\varepsilon\upsilon'\lambda o\gamma\iota\alpha$)라는 같은 단어입니다. 바울은 서신에서 '율
로기아'($\varepsilon\upsilon'\lambda o\gamma\iota\alpha$)를 여러 번 사용했는데 〈개역개정〉 성경
에서는 모두 '복'[11] 또는 '축복'[12]으로 번역되었습니다. 그 이
유는 '율로기아'($\varepsilon\upsilon'\lambda o\gamma\iota\alpha$)의 일반적인 뜻이 축복, 복, 찬양
(칭찬) 등이기 때문입니다.

그런데 고린도후서 9:5~6에서는 "연보"와 "많이"로 과감
하게 의역되었습니다. 그래서 우리는 '율로기아'($\varepsilon\upsilon'\lambda o\gamma\iota\alpha$)

---

11) "내가 너희에게 나아갈 때에 그리스도의 충만한 복(εὐλογία)을 가지고 갈 줄을 아노라"(롬
15:29).
12) "우리가 축복하는 바 축복(εὐλογία)의 잔은 그리스도의 피에 참여함이 아니며 우리가 떼는
떡은 그리스도의 몸에 참여함이 아니냐"(고전 10:16)

를 일반적인 뜻과 다른 "연보"와 "많이"로 번역하는 게 적절한지 생각해보아야 합니다. 또한 바로 이어지는 문맥의 같은 단어를 전혀 다른 뜻인 "연보"와 "많이"로 번역하는 게 타당한지도 생각해보아야 합니다.

6절의 "적게"로 번역된 '페이도메노스'($\varphi\varepsilon\iota\delta\rho\mu\acute{\varepsilon}\nu\omega\varsigma$)는 '인색함' 또는 '아낌'이라는 뜻입니다. 구제금에 대해 인색한 개념이기에 "적게"로 번역하였습니다. 그래서 "적게"에 대응하여 '율로기아'($\varepsilon\acute{\upsilon}\lambda\rho\gamma\acute{\iota}\alpha$)를 "많이"로 번역한 것으로 보입니다. 그러자 6절이 연보의 분량에 따라 보상의 크기가 달라진다는 의미가 되었습니다. 그런데 바울은 앞선 문맥에서 '많음'이라는 뜻의 '폴뤼스'($\pi\rho\lambda\acute{\upsilon}\varsigma$)와 '적음'이라는 뜻의 '올리고스'($\acute{\rho}\lambda\acute{\iota}\gamma\rho\varsigma$)라는 단어를 사용했습니다.

기록된 것 같이 많이($\pi\rho\lambda\acute{\upsilon}\varsigma$) 거둔 자도 남지 아니하였고 적게($\acute{\rho}\lambda\acute{\iota}\gamma\rho\varsigma$) 거둔 자도 모자라지 아니하였느니라
(고후 8:15)

그러나 우리가 살펴보고 있는 고린도후서 9:6에서는 '폴뤼스'(많음)를 사용하지 않고 '율로기아'(복)를 사용했고, '올리고스'(적음)를 사용하지 않고 '페이도메노스'(인색함)를 사용했습니다. 이처럼 바울은 분량의 많고 적음을 의미하는 용어를 다른 곳에서 사용하였지만, 고린도후서 9:6에서는 사용하지 않았습니다. 따라서 바울은 '적게 연보 하면 적게 보상받

고 많이 연보 하면 많이 보상받는다'라고 분량에 대해 말한
것이 아닙니다.

그렇다면 5~6절의 '율로기아'($\varepsilon\dot{v}\lambda o\gamma\acute{\iota}\alpha$)는 무슨 의미일
까요? 5절의 '율로기아'($\varepsilon\dot{v}\lambda o\gamma\acute{\iota}\alpha$)는 문맥의 흐름 상 가난
한 이들을 위한 연보가 분명합니다. 바울은 연보에 관해 이야
기할 때 다양한 표현을 사용합니다. 그는 로마서와 고린도전
서에서도 연보에 관해 이야기했습니다. 그때 '기부금'의 뜻을
지닌 '코이노니아'($\kappa o\iota\nu\omega\nu\acute{\iota}\alpha$)[13]와 '로기아'($\lambda o\gamma\acute{\iota}\alpha$)[14]라는
용어를 사용했습니다.

연보	롬 15:26	'코이노니아'($\kappa o\iota\nu\omega\nu\acute{\iota}\alpha$)	교제, 참여, 기부금
	고전 16:1,2	'로기아'($\lambda o\gamma\acute{\iota}\alpha$)	세금, 기부금

고린도후서에서 연보 이야기는 8~9장에 걸쳐 한 문맥입니
다. 그런데 바울은 그 안에서 "연보"를 여러 용어로 표현하였
습니다.

바울은 왜 연보를 이렇게 다양한 간접적인 표현으로 썼을
까요? 사도 바울은 그리스도의 복음이 오해받지 않도록 가능
한 자비량으로 사역하려 했습니다. 그는 돈과 관련된 부분에
있어서 조심스럽습니다. 그래서 직접적인 돈에 관한 용어보

	고후 8:2	'하플로테스'(ἁπλότης)[15]	단순, 순수, 관대
	고후 8:20	'하드로테스'(ἁδρότης)[16]	두꺼운, 강함, 풍성한
연보	고후 9:5	'율로기아'(εὐλογία)	칭찬, 찬양, 축복, 선물
	고후 9:11,13	'하플로테스'(ἁπλότης)[17]	단순, 순수, 관대

다 관계나 동기에 초점을 두어 연보를 간접적으로 표현한 것입니다.

바울은 연보에 대해 명령이 아니라며 자원하는 마음을 강조했습니다: "내가 명령으로 하는 말이 아니요 오직 다른 이들의 간절함을 가지고 너희의 사랑의 진실함을 증명하고자 함이로라"(고후 8:8). 그리고 연보를 억지로 내지 않는 자발성과 동기를 중요하게 언급했습니다: "이렇게 준비하여야 참 연보 답고 억지가 아니니라"(고후 9:5b). 또한 연보의 액수에 대한 자유로운 결정을 강조했습니다: "각각 그 마음에 정

---

13) "이는 마게도냐와 아가야 사람들이 예루살렘 성도 중 가난한 자들을 위하여 기쁘게 얼마를 연보(κοινωνία)하였음이라"(롬 15:26).

14) "성도를 위하는 연보(λογία)에 관하여는 내가 갈라디아 교회들에게 명한 것 같이 너희도 그렇게 하라"(고전 16:1).

15) "환난의 많은 시련 가운데서 그들의 넘치는 기쁨과 극심한 가난이 그들의 풍성한 연보(ἁπλότης)를 넘치도록 하게 하였느니라"(고후 8:2).

16) "이것을 조심함은 우리가 맡은 이 거액의 연보(ἁδρότης)에 대하여 아무도 우리를 비방하지 못하게 하려 함이니"(고후 8:20).

17) "너희가 모든 일에 넉넉하여 너그럽게 연보(ἁπλότης)를 함은 그들이 우리로 말미암아 하나님께 감사하게 하는 것이라"(고후 9:11). "이 직무로 증거를 삼아 너희가 그리스도의 복음을 진실히 믿고 복종하는 것과 그들과 모든 사람을 섬기는 너희의 후한 연보(ἁπλότης)로 말미암아 하나님께 영광을 돌리고"(고후 9:13).

한 대로 할 것이요 인색함으로나 억지로 하지 말지니 하나님은 즐겨 내는 자를 사랑하시느니라"(고후 9:7). 이러한 서신의 흐름 가운데 6절에서 연보의 분량에 따른 차등 보상을 말하는 건 매우 어색합니다. 만약 바울이 6절에서 많은 연보를 권유한 것이라면 전후 문맥과 호응하지 않습니다.

그렇다면 '인색하게 심는 자는 인색하게 거둘 것이고 '율로기아'($\varepsilon\dot{\upsilon}\lambda o\gamma\acute{\iota}\alpha$)를 심는 자는 '율로기아'($\varepsilon\upsilon'\lambda o\gamma\acute{\iota}\alpha$)를 거둘 것입니다'라는 뜻은 무엇일까요? 고린도후서 9:6은 '콩 심은데 콩 나고 팥 심은데 팥 난다'는 속담과 같습니다. 그러니까 '인색함을 심으면 인색함을 거둘 것이고 복을 심으면 복을 거둘 것'이라는 의미입니다.

하나님께서 연보로 사용한 재정은 다시 씨를 뿌리고 거두어 부족하지 않도록 채워주십니다. 그러나 연보를 조금 하면 경제적인 축복을 조금 주시고 연보를 많이 하면 경제적인 축복을 많이 해주신다는 생각은 오해입니다. 바울은 그런 오해를 막고자 '적게'와 '많이'라는 단어가 있음에도 불구하고 '인색하게'와 '복'이라는 단어를 사용한 것입니다.

바울은 복을 심는 자는 복을 거둔다고 이야기하였습니다. 복을 심어서 얻게 되는 복은 9절의 영원한 '의'입니다. 의의 열매는 물질적인 대가가 아니라 연보로 다른 이들을 도운 의로움을 가리킵니다. 의로운 일에 대해 의롭다는 평가를 받게 될 것이라는 의미입니다.

9 기록된 바 그가 흩어 가난한 자들에게 주었으니 그의 의가 영원토록 있
느니라 함과 같으니라
10 심는 자에게 씨와 먹을 양식을 주시는 이가 너희 심을 것을 주사 풍성
하게 하시고 너희 의의 열매를 더하게 하시리니
(고후 9:9~10)

　　예수님께서 아무도 건드리지 못하는 하늘에 보관하라고 말
씀하신 보물이 바로 이 '의'입니다: "오직 너희를 위하여 보물
을 하늘에 쌓아 두라 거기는 좀이나 동록이 해하지 못하며 도
둑이 구멍을 뚫지도 못하고 도둑질도 못하느니라"(마 6:20).
따라서 고린도후서 9:6은 많이 헌금하면 보상을 많이 받을
수 있다는 신앙의 근거 구절이 될 수 없습니다.

영상으로 시청하기

노트 15 **묵상과 나눔을 위한 질문**

1. 바울은 '적음'이라는 단어와 '많음'이라는 단어가 있는데도 '인색하게'와 '복'이라는 단어를 사용했습니다. 그 이유가 아닌 것은?

① 연보를 많이 내라고 강요하지 않으려고

② 연보를 억지로 내지 않도록

③ 연보를 인색하게 내지 않도록

④ 연보를 가능한 많이 내도록

2. 바울이 고린도 교회 성도들에게 당부한 것은?

① 헌금

② 많은 연보

③ 준비된 연보

④ 자원하는 마음에서의 연보

3. 다음은 고린도후서 9:13입니다. 밑줄 친 단어 중 원문에 없는 표현은?

> "이 직무로 <u>증거</u>를 삼아 너희가 그리스도의 복음을 진실히 믿고 <u>복종</u>하는 것과 그들과 모든 사람을 섬기는 너희의 <u>후한</u> <u>연보</u>로 말미암아 하나님께 영광을 돌리고"(고후 9:13).

① 증거　　② 복종　　③ 후한　　④ 연보

4. "천국은 침노를 당하나니"는 무슨 의미인가요?

마태복음 11:12

예수님께서 세례 요한에 대해 말씀하시다가 천국에 관한 이야기가 나왔습니다. 그리고는 "천국은 침노를 당하나니 침노하는 자는 빼앗느니라"라고 말씀하셨습니다. 이 구절은 성경 난제로 알려져 있습니다. 세례 요한에 대해 말씀하시다가 왜 천국을 이야기하셨을까? 천국이 침략받는다는 의미는 무엇일까? 이에 대한 몇몇 주요 해석을 살펴보고 어떤 해석이 옳은지 생각해보겠습니다.

우리는 천국을 죽어서 가는 사후세계로 이해하는 경우가 많습니다. 마태복음은 마태가 동족인 유대인들을 위해 쓴 글입니다. 그런데 유대인들은 하나님의 이름을 망령되이 부르지 말라는 율법 때문에 하나님에 대한 언급을 매우 조심합니다. 그래서 '하나님 나라'라는 용어를 쓰지 않고 대신 '하늘나라'라고 불렀습니다. 이를 한문 표현으로 번역한 것이 '천국'입니다. 따라서 '하나님 나라'와 '천국'은 동의어라고 봐도 무방합니다. 하나님 나라는 하나님의 통치가 임하는 모든 곳입니다. 따라서 사후세계뿐만 아니라 이 땅에서도 하나님 나라가 성립합니다.

천국을 처음 말한 사람은 누구일까요? 바로 세례 요한입

니다: "그 때에 세례 요한이 이르러 유대 광야에서 전파하여 말하되 회개하라 천국이 가까이 왔느니라 하였으니"(마 3:1~2). 예수님께서는 천국에 있는 사람이라면 누구든지 세례 요한보다 더 크다고 하셨습니다: "내가 진실로 너희에게 말하노니 여자가 낳은 자 중에 세례 요한보다 큰 이가 일어남이 없도다 그러나 천국에서는 극히 작은 자라도 그보다 크니라"(마 11:11). 이는 세례 요한이 죽어서 천국에 가면 가장 작다는 의미가 아닙니다. 그가 맡은 사역이 천국 바로 전까지임을 의미입니다.[18] 세례 요한은 하나님 나라를 여는 역할을 했습니다. 그렇기에 세례 요한이 출현한 후부터 천국이 침략당하고 있다고 말씀하신 것입니다.

세례 요한의 때부터 지금까지 천국은 침노를 당하나니($\beta\iota\acute{\alpha}\zeta\omega$) 침노하는 자($\beta\iota\alpha\sigma\tau\acute{\eta}\varsigma$)는 빼앗느니라
(마 11:12)

그런데 천국이 침략당하다니 선 듯 이해되지 않습니다. 이 구절에 대한 해석은 크게 세 가지 정도입니다.

첫째, '세례 요한 이후 사람들이 하나님 나라에 들어가고 있다.' 이 견해는 가장 널리 받아들여지는 해석입니다. 그런

---

18) 마태복음 11:11의 세례 요한에 대해 다양한 해석이 있습니다. 이 구절만 보면 여러 해석이 가능합니다. 그러나 바로 이어지는 마태복음 11:12의 "세례 요한의 때부터 지금까지"로 보아 시간적인 의미로 말씀하신 것으로 보입니다.

데 "침노를 당하나니"로 번역된 '비아조'($\beta\iota\acute{\alpha}\zeta\omega$)와 "침노하는 자"로 번역된 '비아스테스'($\beta\iota\alpha\sigma\tau\acute{\eta}\varsigma$)는 폭력적인 의미로 쓰이는 단어입니다. 천국에 들어가는데 폭력적인 단어를 사용하다니 뭔가 어색합니다. 그래서 이 구절을 긍정적으로 보지 않고 다음과 같이 생각하기도 합니다.

둘째, '적대적인 존재(바리새인, 헤롯 안티파스, 사탄의 세력 등)에 의해 하나님 나라가 공격받고 있다.' 이는 바로 이어지는 문맥의 세례 요한과 예수님을 부정적으로 평가하는 사람들이 천국을 침노하는 자라는 것입니다: "요한이 와서 먹지도 않고 마시지도 아니하매 그들이 말하기를 귀신이 들렸다 하더니 인자는 와서 먹고 마시매 말하기를 보라 먹기를 탐하고 포도주를 즐기는 사람이요 세리와 죄인의 친구로다 하니"(마 11:18~19a).

셋째, '이 구절의 전반부와 후반부는 다른 의미이다. 전반부는 하나님 나라가 퍼져간다는 긍정적인 내용이고, 후반부는 하나님 나라를 공격하는 자들이 있다는 부정적인 내용이다.'

그리스어에는 중간태라는 동사의 형태가 있습니다. 능동태는 동사의 주체가 주어인 경우이고, 수동태는 주어가 동사의 영향을 받는 경우입니다. 중간태는 능동태처럼 주어가 동사의 주체이지만 동시에 그 영향을 받는 경우 사용합니다.

그런데 "침노를 당하나니"로 번역된 그리스어 원문은 '비아제타이'($\beta\iota\acute{\alpha}\zeta\varepsilon\tau\alpha\iota$)입니다. 이 형태는 수동태이기도 하고 중간태이기도 합니다. 〈개역개정〉 성경에는 수동태로 번역되어 있습니다. 그러나 이를 중간태로 번역하면 '천국이 침노한다'입니다. 그래서 하나님 나라가 이 땅에 이루어진다고 긍정적인 의미로 받아들인 것입니다. 그러나 문법적으로 후반부는 긍정적으로 볼 여지가 없습니다. 그래서 하나님 나라가 이 땅에 이루어지고 있지만 한편으로는 공격받고 있다고 해석한 것입니다.

여러분은 어느 해석이 맞다고 생각하시나요? 저는 첫 번째인 '사람들이 하나님 나라에 들어간다'라고 생각합니다. 그 이유는 다음과 같습니다.

첫째, 누가는 이 구절을 풀어서 표현했는데 요한을 기점으로 사람들이 하나님 나라로 들어가고 있다고 했습니다.

14 바리새인들은 돈을 좋아하는 자들이라 이 모든 것을 듣고 비웃거늘
15 예수께서 이르시되 너희는 사람 앞에서 스스로 옳다 하는 자들이나 너희 마음을 하나님께서 아시나니 사람 중에 높임을 받는 그것은 하나님 앞에 미움을 받는 것이니라
16 율법과 선지자는 요한의 때까지요 그 후부터는 하나님 나라의 복음이 전파되어 사람마다 그리로 침입하느니라
(눅 16:14~16)

여기에서 예수님께서는 바리새인들에게 말씀하셨는데 이

는 그들이 하나님 나라에 침입한다고 말씀하신 게 아닙니다. 복음이 전파되어 모두 하나님 나라로 들어가는데 바리새인들은 스스로 옳다며 들어가지 않고 있다는 의미입니다.

둘째, 마태복음의 주제 중 하나는 하나님 나라로의 초대입니다. 세례 요한이 먼저 임박한 하나님 나라를 선언했습니다.[19] 예수님께서 그를 이어 하나님 나라를 전파하셨습니다.[20] 그 후 제자들에게도 하나님 나라를 전하라고 시키셨습니다.[21] 그리고 오늘 본문의 문맥에서 예수님께서는 세례 요한에게 '맹인이 보고 못 걷는 사람이 걷게 되고 나병환자가 낫고 못 듣는 자가 듣고 죽은 자가 살아나고 가난한 자들에게 기쁜 소식이 전해지는데 이것이 바로 하나님의 나라가 아니면 무엇이니'라고 말씀하셨습니다.[22] 그런데도 하나님 나라를 모르고 무시하는 사람들이 있었습니다.[23] 이러한 마태복음의 주제를 보면 세례 요한으로부터 시작하여 사람들이 하나님 나라에 들어오고 있다는 해석이 가장 자연스럽습니다.

---

19) "그 때에 세례 요한이 이르러 유대 광야에서 전파하여 말하되 회개하라 천국이 가까이 왔느니라 하였으니"(마 3:1~2).

20) "예수께서 모든 도시와 마을에 두루 다니사 그들의 회당에서 가르치시며 천국 복음을 전파하시며 모든 병과 모든 약한 것을 고치시니라"(마 9:35).

21) "예수께서 이 열둘을 내보내시며 … 가면서 전파하여 말하되 천국이 가까이 왔다 하고"(마 10:5~7).

22) "맹인이 보며 못 걷는 사람이 걸으며 나병환자가 깨끗함을 받으며 못 듣는 자가 들으며 죽은 자가 살아나며 가난한 자에게 복음이 전파된다 하라"(마 11:5).

23) "요한이 와서 먹지도 않고 마시지도 아니하매 그들이 말하기를 귀신이 들렸다 하더니 인자는 와서 먹고 마시매 말하기를 보라 먹기를 탐하고 포도주를 즐기는 사람이요 세리와 죄인의 친구로다 하니"(마 11:18~19a).

132

그러나 첫 번째 해석을 받아들이기 힘든 이유가 크게 두 가지 정도 있습니다. 하나는 왜 하나님 나라에 어울리지 않는 '침노한다'라는 폭력적인 용어를 사용했는가입니다. 그 이유는 다음과 같습니다. 미가 2장에 하나님께서 멸망해서 흩어진 이스라엘 중 남은 자를 모아 다시 회복시키시겠다는 내용이 있습니다. 그 모습을 여호와께서 선두에서 이끄시어 성문을 열고 들어가는 것으로 묘사합니다.

길을 여는 자(פֹרֵץ)가 그들 앞에 올라가고 그들은 길을 열어(פֹרֵץ) 성문에 이르러서는 그리로 나갈 것이며 그들의 왕이 앞서 가며 여호와께서는 선두로 가시리라
(미 2:13)

여기에서 "길을 여는 자"와 "길을 열어"로 번역된 히브리어는 '파라츠'(פרץ)입니다. '파라츠'(פרץ)는 '깨뜨리다, 파괴하다, 침입하다'라는 뜻입니다. 〈개역개정〉 성경에는 부드럽게 "길을 열어"로 번역되었지만, 원문은 공성전에서 성문을 열고 점령하는 상황입니다. 이는 하나님께서 주도하셔서 이스라엘을 다시 돌아오게 하시겠다는 의미입니다.

다시 마태복음 본문으로 돌아오겠습니다. 예수님께서는 당시 사용하던 아람어나 히브리어로 미가서와 같은 공성전과 관련된 용어로 말씀하셨을 것입니다. 그 말씀을 그리스어로 번역하여 기록한 본문을 보고 우리가 폭력적으로 받아들이게

되었다고 생각합니다. 따라서 하나님 나라에 들어가기에 성문을 돌파하는 공성전의 용어를 사용했을 뿐 폭력적인 상황은 아닙니다. 더 나아가 저는 개인적으로 미가 2:13의 예언이 일차적으로 역사상 바벨론 포로 귀환으로 이루어졌고 이차적으로 사람들이 예수님의 인도에 따라 하나님 나라로 들어가며 이루어지고 있다고 생각합니다.

첫 번째 해석으로 받아들이기 힘든 또 다른 경우는 다음과 같습니다. 선택과 은혜에 따라 하나님 나라에 들어갈 수 있는데 외부에서 자기 마음대로 들어갈 수 있다면 말이 안 된다는 것입니다. 이는 선택 교리를 협소하게 이해한 결과라고 생각합니다. 교회가 정리한 교리에는 인간의 관점에서 바라본 내용이 있는가 하면, 하나님의 관점으로 바라본 내용도 있습니다. 그런데 하나님의 관점에서의 신학은 우리가 인간으로서 단정하기 힘든 내용이 많다고 생각합니다. 선택 교리는 하나님의 관점인 초월적인 입장에서 바라본 신학입니다. 저는 이 구절을 선택 교리의 눈으로 바라보는 건 적절하지 않다고 생각합니다. 단지 세례 요한과 예수님과 제자들의 선포에 응답한 사람들이 하나님 나라의 성문을 열고 들어간다는 표현으로 받아들이면 될 듯합니다.

노트 16 묵상과 나눔을 위한 질문

1. 다음 중 마태복음의 주제는?

① 하나님 나라   ② 메시아 예수   ③ 십자가   ④ 교회

2. "세례 요한의 때"(마 11:12)는 언제인가요?

① 세례 요한이 천국이 가까이 왔다고 회개하라고 했을 때

② 이 땅에서 예수 그리스도의 사역이 시작되었을 때

③ 예수님께서 모세의 율법에 담긴 하나님의 뜻을 가르쳐주시기 전 율법을 따르는 신앙인 상태

④ 성령으로 인해 하나님의 은혜에 순종하기 전 모세의 율법을 비롯한 각자 도덕률에 따른 신앙인 상태

3. 예수님의 말씀이 우리에게 전해진 과정을 순서대로 나열해보세요.

① 예수님께서 실제로 하신 말씀(아람어/히브리어)

② 그리스어로 기록됨

③ 그리스어 원문을 영어와 한자로 번역

④ 그리스어 원문을 토대로 한자와 영어 번역본을 참고로 한글 번역

영상으로 시청하기

마치는 글

팬데믹 이후 많은 분이 힘을 잃어가는 한국 교회를 우려하며 문제들을 이야기합니다. 저 또한 그러한 우려에 공감합니다. 오늘날 한국 교회의 가장 근본적인 문제는 무엇일까요? 저에게 한국 교회의 근본적인 문제점 중 하나만 고르라면 바른 성경해석의 부재를 꼽겠습니다. 많은 목사님이 수많은 설교 가운데 차별화를 두려고 무리하게 해석하거나 여러 예화를 채워 넣습니다. 많은 신학자가 성경 본문의 내용보다 기독교에 관해 연구합니다. 다양한 영적 해석자들은 암호를 풀 듯 성경을 해석하고 자신의 통찰력을 뿌듯해합니다. 많은 교인이 본문의 진의보다 자기가 기뻐하는 해석을 받아들입니다. 청년들은 성경 본문보다 교회의 사건, 문화, 인물 등에 관심이 많습니다.

제 주제에 한국 교회에 대해 이러쿵저러쿵하는 게 우습기도 합니다. 저는 신앙의 선배들로부터 복음을 전해 들었고 한국 교회에서 성장했습니다. 제게 한국 교회는 어머니와 같은 존재입니다. 그렇기에 한국 교회를 비난하며 저의 실력을 증명하고 싶지는 않습니다. 다만 오늘날 한국 교회의 모습은 마치 바벨론 포로기가 오기 전의 예루살렘 같다는 생각이 듭니다. 당시 예루살렘의 상태를 설명하는 이사야서의 내용을 확인하며 글을 마치려 합니다.

9 너희는 놀라고 놀라라 너희는 맹인이 되고 맹인이 되라 그들의 취함이 포도주로 말미암음이 아니며 그들의 비틀거림이 독주로 말미암음이 아니니라

10 대저 여호와께서 깊이 잠들게 하는 영을 너희에게 부어 주사 너희의 눈을 감기셨음이니 그가 선지자들과 너희의 지도자인 선견자들을 덮으셨음이라

11 그러므로 모든 계시가 너희에게는 봉한 책의 말처럼 되었으니 그것을 글 아는 자에게 주며 이르기를 그대에게 청하노니 이를 읽으라 하면 그가 대답하기를 그것이 봉해졌으니 나는 못 읽겠노라 할 것이요

12 또 그 책을 글 모르는 자에게 주며 이르기를 그대에게 청하노니 이를 읽으라 하면 그가 대답하기를 나는 글을 모른다 할 것이니라

13 주께서 이르시되 이 백성이 입으로는 나를 가까이 하며 입술로는 나를 공경하나 그들의 마음은 내게서 멀리 떠났나니 그들이 나를 경외함은 사람의 계명으로 가르침을 받았을 뿐이라

14 그러므로 내가 이 백성 중에 기이한 일 곧 기이하고 가장 기이한 일을 다시 행하리니 그들 중에서 지혜자의 지혜가 없어지고 명철자의 총명이 가려지리라

(사 29:9~14)

성경 읽기가 어려운 당신에게: 성경 읽기 가이드북

지은이 황대원

발행인 오연진
디자인 이보라
초판 발행 2022. 12. 30
펴낸곳 블리스
등록번호 제2022-51호
등록된 곳 서울특별시 정릉로15길 48
연락처 02-943-3533
이메일 blisspublish@gmail.com

ISBN 979-11-979509-1-9